Else Lasker-Schüler
IchundIch

Herausgegeben von
Karl Jürgen Skrodzki und
Kevin Vennemann

Jüdischer Verlag
im Suhrkamp Verlag

Erste Auflage 2009

Druck: Memminger MedienCentrum AG
Printed in Germany
ISBN 978-3-633-54241-3

1 2 3 4 5 6 – 14 13 12 11 10 09

IchundIch.

Ein Schauspiel der Else Lasker-Schüler
in Aufzügen.

Personen:

IchundIch.
(Eine theatralische Tragödie.)

Die Dichterin des Schauspiels spricht zu ihrem Begleiter: auf dem Weg zum Theater: (zu hören: hinter dem Vorhang der Bühne.)

Die Dichterin: Es war vor zehn und einhalb Jahren in der gottverlassenen Nacistadt –
Ich flog ein leichtverhangener goldener Ball
Unsichtbar durch Mordgeheul kopfüber jedem Spreevasal.
Seitdem betrachte ich mich gern nach höherer Weltanschauung
Und nicht wie du mich überkluger Bürger einschätzt
Mein Gefieder und die Geyerfeder – (vor Federdieben wird gewarnt)!
Mit der ich schreibe hier mit meinem Blut auf rostiges Papyrosleder.
Lieber würde ich mein Manuscript auf mein vergilbtes Herzblatt schreiben –
Doch hielt ein jeder mich gekauft in seiner Hand –
Mir ist an seinem Urteil einesteils gelegen –
Das heisst: Entzückte ihn mein Buch auf seinem Bücherstand.
Wir würden schliesslich beide – buchverwandt.
Ach ich bin müde, liebe Gäste im Parquet, im I. Rang, und in den Logen einlogierte Herrn und Damen, und Ihr Besucher unbemittelte auf dem Olymp,
Ich weiß, man kann sein ganzes Leben nicht,! wohl – dann und wann,
Im Nest an steiler Felswand hausen,
Rücksichtslos von sturmgebrausen Novembertagen hin und her gehetzt,

Vom faunigen Schalk verliebter Frühlingsspiele willkürlich zerfetzt,
Zuguterletzt der heissen Julitage Dolchen ausgesetzt.
...... Mich führte in die Wolke mein Geschick – ...
Du wunderst dich, dass nach dem Silbertrank,
Ich heimgekehrt in euren Erdenschrank.
Für eines Dichters unbegrenzten Traum,
Hat wahrlich eure Welt gezimmerte nicht Raum.
Verzeih die Überhebung, mein Begleiter
Ich führe ja ein höheres Leben –
Lichtlose Nächte zünden sich an meinem Glück!
Es gehen die Sterne auf in meinem Blick –
Vor Sternenjahren weilte ich auf Erden schon!
Und nur m e i n Vers war keine I l l u s s i o n!!
Geleite weiter treu mich zum Theater durch die Gassen,
Verlassen wir die offene Stadt frühzeitiger wie am Werktag.
Auch – geht die Turmuhr müde wie die meine nach!
Es funkeln schon an Häusern die Plakatenträume
Von rechts nach links und tauschen hin und her
Ihr Licht wie Schüttelreime.
Ein Hexensabbat sprüht mir gerade ins Gesicht,
Genau wie ich ein Bild beschaue dichtend mystisch im Gedicht,
So folge mir, my dearest Friend, zunächst ins Vestibül – –
Und lausch vor meiner Herzensbühne im – Parquet mein Höllenspiel.

Die Dichterin pfeift und singt leise bewegt den Schluss: Muss i denn muss i denn zum Städtli hinaus, Städtli hinaus – und du, mein Schatz, bleibst hier ......
Der Vorhang öffnet sich langsam. (Kleine Pause zuerst.) Im Or-

chester spielt eine einfache Drehorgel: die letzte Strophe 9
Muß i denn – muß i denn – zum Städtli hinaus –

In der Nähe des Davidsturms von alteingesessenen Palästinesern benamten: Höllengrund. In der steinern abgebröckelten alten Königsloge sitzen auf Prunksesseln: unheimlich bewegungslos, bunt und golden angemalt, wie die Figuren eines Panoptikums: die Könige: Saul, David und Salomo. In der Direktorenloge: Direktor Max Reinhard aus Hollywood nach Jerusalem zur Inscenierung gebeten.
Ihm gegenüber: The Three american. Komiker: brother: Ritz
Der Theaterarzt: setzt sich gerade noch frühzeitig auf seinen Platz.
Die Kritik armverschränkt. Sie begrüssen sich, vor dem Spiel.

Die Spielenden:
Der Teufel.
Doktor Faust.
Fraue Marta Schwertlein.
Stimmen aus dem Publikum: (Adon Redakteur Sweet) etc. 2 Jungfrauen.
Die Dichterin der Tragödie.
Die Nacis und ihre Anführer.
Der Baal.

Vor dem Publikum tritt die Dichterin der abenteuerlichen Tragödie.

Aus stiller Ewigkeit, die nicht in Wort und That zu incarnieren,
Komm ich in die von euch erschaffene Welt at home zum Weekend heute,

In eure mir vergällte Erdenwelt, verehrte Leute,
Von sternblitzender Lippe ins schlaffe Maul der Lauheit heimlich heim:
Ein begossener Pudel und wiederum aus – Menschlichkeit.
Doch nicht allein aus diesem Grunde, Publikum –
Die Menschenseele kann aus Gottes Gründen –
– (Ja, alle Seelen, die sich noch im Hause leiblicher Gefangenschaften befinden,)
Nicht im Himmel Ruhe finden,
– (Der gar nicht von der Erde allzuweit, –)
Sehnt sich doch auch des Dichters Inspiration, im Raum des kalten Wortes Ton, zur blauen Wolke wieder aufzusteigen.
(Im Orchester einige Drehorgeln spielen plötzlich vernehmender.)
Höret, Publikum, die Mordgeschichte –
Die ich an mir in finsterer Nacht vollbracht!
Und da die Wahrheit ich berichte wenn ich dichte,
Lasst allen Zweifel ausser Acht!
Es handelt sich nicht etwa um – Gesichte,
Da ich mich teilte in zwei Hälften kurz vor Tageslichte,
In zwei Teile: IchundIch!.

Gewereth: (aus dem Publikum:) Sonambul – – –

Dichterin: Wenn dem Enfasse begegnet sein Profil.
Und dem Profil begegnet sein Enfasse.
Ich blute noch im Rahmen exclusiv
Denn ich erhörte mich, da ich nach mir zeitlebens rief.
Und bin von grenzenloser Einsamkeit befreit!!!
Da ich und ich im Leben nie zusammenkamen,
Erreichten meine beiden Hälften dieses kühne Rendez-vous in kurzer Zeit.

Wir haben, wie mein Publikum erfahren wird,
Zu mimen ungeheuerlich Genie
Und da vermischt im dunklen, engen Leibe nie,
So auf der weiten Bühne werden wir uns finden.
Zwischen Tugenden und Sünden,
Geklärt zum Schluss sich ich und ich verbinden!
Wie es bestimmt doch einmal so in aller Stille
Nach höherem Testamentes Wille!
(kleine Pause.) Attention!
An meine teure Mutter ✡ diese Zeile:
Der Goethehochverehrerin: sie ist die Pathin meiner beiden Hälftenteile.
Verehrtes Publikum, du gähnst aus »einem« Munde –
Warum die Ouvertüre auch mit Poesie verziert,?
Vernimm von mir direkt die Kunde:
Satanas aller Teufel Teufel hat – kapituliert!!
(Die Dichterin bemüht sich vergebens weiter zu berichten)

Chefredakteur Swet: Ich hätte längst gebracht den Fakt!!

Die Dichterin: bemüht sich vergebens weiter zu berichten –

R. Swet: Der Bericht ist eine Ente!

Aus dem Publikum: Für die Katz!!

Die Dichterin: Sie unterbrachen, Adon Swet schon zweimal meinen Satz!

Eine der Zuschauerrinnen: Von der Dings da!

Die Dichterin: Ich sprach im Leben, noch vom Rand der Bretter die »Wahrheit« nackter noch als nackt! Sowohl in Prosa als in Versen!!!

Ein Gelehrter: Wersen ..... Wenn ich bitten darf ....

Stimmen aus dem Publikum: Holland verloren! Belgien perdü, Frankreich, Dänemark, Norwegen .....

R. Swet: (Das Publikum beruhigend) Haarez hätte »längst« gebracht den Fakt!!

Die Dichterin: Adon Swet Sie haben Sich geirrt in dem, was ich noch nicht gesagt.: Satanas aller Teufel Teufel hat kapituliert! Jawohl! Jedoch vor Gott dem Herrn im – vierten Akt!

König David: (erhebt sich unbewegt.) Gelobt seist du Ewiger, – König der Welt – Baruch atto adoneu melech haolom ......

Der Vorhang fällt – geht aber sofort wieder auf –

(Das eigentliche Spiel beginnt.)

(Mephisto lehnt am roten Weingerank der Terasse seines Höllenpalastes.)

Mephisto: Schrieb ich auch nicht in Jamben und Trochäen meine teuflischen Ideeen, so bin ich es gewesen, der sie insceniert.

Doktor Faust: (gleichgültig)

Mephisto: Hab ich dich etwa vor den Biedermayern damalig blamiert? Herre Doktor Faust? Sag an, was wars, – Heinrich!! das dir missfiel? Vielleicht der übertriebene Styl der teuflischen Coulisse? – – – Setz dich mein Freund, ich bin nervös, und endlich Zeit wird es, dass ich die Gründe deines Ingrimms wisse.

Faust: Die Teufel, die Ihr auf die Welt gesandt, berichteten, mein Drama ersten Teil und auch den zweiten, hat man in Weimar auf dem Marktplatz johlend ein für alle Mal verbrannt.

Mephisto: (kleine Pause) Ich roch es, armer Freund, – ich rieche gern verkohlte Bücherseiten, – und die – mit deinem Vers geniess' ich schon von weitem. (nach kurzer Pause) kein Grund zum Grübeln, Doktor Faust, das Testament von »Gott« geschrieben, brannte ebenfalls der erste und der zweite Teil der Bibeln.

Faust: Ja bis in den Nächten spät, beschäftigt mich, verzeiht mir – »im Gebet«, – ob Erd' und Himmel und die Hölle »wirklich« Gott erschaffen? Sich nicht gebildet irgend vorbildlich –

Mephisto: (cynisch) äusserst dauerhaft –

Faust: Im Menschgenie? Gar nur besteht – ich mein' die Welt – – »was glaubt das Publikum«? – es wär phantastisch – in der Menschenphantasie? In der Menschenphantasie?

Mephisto: Die obdachlosen Kinder Adams lebten schon, vertrieben aus der Edenwelt, in ihre Weltenillussion!!!

Faust: Und du Mephisto dunkler Mann?

Mephisto: Myself fragst du – ich kroch schon auf des Ewigen Plan in meiner Heimat: Finsterniss. (prahlerisch) und Gottes Erdreich starb an meinem Schlangenbiss.

Faust: Nun komm ich ganz aus dem Geleis', mein Fürst,

Mephisto: Es dreht gesammte Menschbillion wie du, verirrend sich, da sie den Weg nicht weiss, – im Kreis.

Faust: Und tront der Ewige noch auf Seinem Thron?

Mephisto: Ich weiss nichts sicheres davon.
(nach einer kleinen Pause) nun aber frag ich Dich, Herre Doktor Faust, höflichst und ergebenst, warum erschuf den Teufel – Er mich aus Schlamm und Hohn – ja für zeitlebens?

Faust: Du dauerst mich Mephisto ....

Mephisto: Doch kam der Mensch aus besseren Waarenteig beileibe auch nicht schmackhafter davon. Schau ich ihn an, bekomme ich das Reissen, mein bester Heinrich! Du so wohl wie ich, wir mussten alle in den sauren Apfel beissen, (nach kleiner Pause) er schmeckte Adam Kalmon gut und heute noch nach Sündenflut, Tod und Vernichtung –

Faust: Und überall nur Finsterniss und nirgends Lichtung –

Mephisto: Nirgends! Und suchte sie wie du – denn ich bin Herre Faust, ein Mensch wie du!!!

Faust: (Erstaunt) »Und kommst du noch zur letzten Stunde – sagt der Herr Herr –«

Mephisto: Die Heimkehr dachte sich die Welt zusamm, bevor sie auf die Welt noch kam.

Faust: Verwegener Spötter aus dem Ur, der sich

Mephisto: Erhalten – treu –

Faust: In gottverlassener Natur.

Mephisto: Treuloses Ebenbild nach Gottes Ruf, wie du mein Freund, kommt unter meinem Pferdefuss.

Faust: Warum das böse Spiel, Mephisto, Teufelsmann?

Mephisto: Bereust du etwa deinen Bann?

Faust: Ich bin ihm nicht gewachsen – – – – – –

Mephisto: Gott zum Gruss! Ein trautes Häuschen aus Zement kauft jeder Bürger gern (Für ewiges Element!) Denn Element erzeugt dem Zwerglein Hass! Das heisst: allübergrosse Kraft ihm Sorge schafft!

Faust: Wie mich dein Reden, Fürstlichkeit, beschämt –

Mephisto: Ich hoffe stark, dass nur vorübergehend dich, der Schöpfung ungeklärtes Überbleibsel lähmt.

Faust: Ich bin beschämt – –

Mephisto: Ich fühle deine Herzensnot und werde mit dir auf der Wange deines Herzens rot. (schmeichelnd) – wie das Jungfräulein anno 80 beginn ich schämig mit dir, Heinrich, zu erröten ....

Faust: Spielt Satan, etwa unzart an auf Margarete?

Mephisto: (lügnerisch) Dein Irrtum Faust stimmt mich betreten –

Faust: (zur Seite für sich) Mein Gott, ich trotzte der Versuchung nicht.

(Fraue Marte Schwertlein tritt in den Raum)

Mephisto: (wendet Faust den Rücken) Ich möcht ihm speien ins heilige Angesicht!

– – Fraue Marte Schwertlein, lese uns die Seite F. in meiner Buchung.

Direktor Reinhardt: Attention!! Mephisto, wiederholen Sie noch einmal die letzten Textreihen betont verächtlicher: Ich möcht ihm speien ins heilige Angesicht! etc.

Mephisto: Ich möcht ihm speien ins heilige Angesicht! –

Mephisto: Nun, Alte, wird es bald?

Fraue Marte: (gewohnheitsgemäss für sich murmelnd) »Die Brühe wird sonst kalt.« Geduld, Herr Satanas, ich kanns so schnell nicht finden – auch weiss Herr Satan, Marte Schwertlein schon am blinden.

Mephisto: Überings nach gegenwärtiger Mod, schminkt Margarete sich allabendlich das spitze Mäulchen süss mit Liebesrot. Und da im Alter sie gewann an Fett, presst sie den Leib, verführerisch »milchweiss noch heut«, in ein Corsett.

Frau Marte: Herr Satan weiss ich bin am blinden – (sie liest wie ein eben lesen gelerntes Mädchen aus dem großen Foliant:) Die Jungfrau schwächte Faustens Sinn, der fragte Satan wie er sie gewinn? (Marte Schwertlein ab!)

Faust: Mein Gretchen ....

(zu Mephisto empört: Eine Falle grubet heimlich Ihr in meinen Sinn!

Mephisto: Du blühtest auf weit stattlicher wie ich es bin –

(Fraue Marte tritt wieder in den Raum, übt sich unausgesetzt im Knixen)

Faust: (wehmütig) ein Bächlein lächelte aus ihrem Kinn –

Mephisto: (Lacht höhnisch auf.)

Faust: Teufel!!!

Mephisto: Du vergisst mein Freund, dass ich dein »eigener« Teufel bin.

Faust: Aus welchem Material entstandst du nur? Aus Menschensalzen nimmermehr, auch nicht – aus Erdenstaube längst versunkener Reiche.

Mephisto: Es irrt, Herre Doktor Faust, die paar Engelgleichen, die von meiner Erzperson abweichen, was Ähnlichkeit betrifft, genügen für die edle Würze Menschheit nicht.

Faust: (sinkt in die Kniee)

Mephisto: Was ficht ihn an den grossen Dichtersmann?

Faust: Ich bitt den Herrn, ich Sein Kind, Ihn flehentlich – um Licht.

Faust: Es ist ein Weinen in der Welt –
Als ob der Liebe Gott gestorben wär –
Und der bleierne Schatten der niederfällt,
Lastet grabesschwer.

Komm – wir wollen uns näher verbergen –
Das Leben liegt in aller Herzen
Wie in Särgen.

Du wir wollen uns tief küssen –
Es pocht eine Sehnsucht an die Welt –
An der wir sterben müssen .....

Mephisto: Er hört dich nicht .... denn auch die Hölle, Kind, in der du dich befindst, modernisiert, ist Gottes nicht. Das Fegefeuer dichtete ein Mönch für Arme Sünder Strafgericht.

Faust: Das steht doch nirgends wo im Testament? Besitzt Ihr etwa irgend ein Fragment, abhandengekommenes? (nach einer kleinen Pause) Er käme sonst und hülfe mir und ich mich vor Ihm neige .... (singend im Orgelton: Und ich mich vor Ihm neige ....

Mephisto: Ich bin Sein Zeuge – Gott ist »da«!! Er war es ja Der mich im Paradiese rücksichtslos verflucht! und nicht ein »Korn«, blieb ungebucht! Die erste Menschin brach mich in der Frucht vom Zweige! (eine kleine Pause) lindere Heinrich, im Gesange weiter deine Qual, ja singe, singe fürchtiger den Choral – ich übe mich geschürter nur in meiner Feuerklinge!

Marte Schwertlein: (tritt wiederum auf die Terasse.)

Marte: Herre, dass ich mich unterfange wiederrum zu melden: Es ist serviert .... Die zarten Engelflügel brennen an. (Sie zählt an ihren Fingern die Zahl der Gäste) Was sag ich? – ein, zwei, d r e i ? Gäste? »Vier« Gäste sinds an Zahl warten auf Herrn Satanas im Speisesaal.

(Mephisto erhebt sich polternd)

Direktor Reinhardt: Wenn ich bitten darf, Mephisto, Sich geräuschloser zu erheben, »k ö n i g l i c h e r !«

Mephisto: Mir liegt es nicht den Goethe, ohne Steigerung zu mimen.

Direktor Reinhardt: Ich respektiere Ihre Weigerung, Herr Teufel. (Reinhardt bemerkt hinter einer Coulisse den Schauspieler Karl Hannemann.) Übernehmen Sie die Bombenrolle, Karl Hannemann. Ihr seliger Vater, später Intendant, errang sich einen Namen, den Mephisto mimend: In und Ausser Land.

Die Dichterin: ..... Der Wachholderkarl ......

(Mephisto überreicht bereuend aber beherrscht dem Collegen Hannemann seinen Teufelsbart.)

Hannemann: Mir klebt schon fest der Teufelsbart am Kinn! (Zu Reinhardt gewandt; ich fürchte zwar er ist schon alt und dünn sein Haar?

Reinhardt: schelmisch): Bis übermorgen zur Première kann

kein neuer wachsen, (R. giebt das Zeichen mit dem Spiel wieder zu beginnen.)

Die Dichterin: (Theater Bühne und Spielende vergessend:) Wachholderkarl, sing für mich von Grieg die Aria: Ich liebe dich, ich liebe dich! .....

Mephisto: Ich liebe dich! Ich liebe dich ......

Die gesammten Schauspieler und Schauspielerinnen: Ich liebe dich

Ich liebe dich .....

Reinhardt: Herr Hannemann, Sie sind ein »Operettenstar«!

Die Schauspieler alle: Bravissimo, bravissima!! (Sie applaudieren stürmisch.)

Reinhardt: Doch nun – bevor wir weiter mimen – ich nehme an, dass Ihnen meine Herren und Damen klar, Mephisto und der Faust ein Zwillingspaar! Ja »ein« Mensch im Grunde ist und immer war.

The Brothers Ritz: The first brother: Klar!!

The second brother: Klarà!

The Third brother: Klarissa!!

Reinhardt: Und weiter Ihnen jedenfalls bekannt, dass reitend Herre Faust auf einem schwarzundweissgescheckten Hengst sich entgegen kam. –

Reinhardt: Und ferner meine Herren und Damen, es in jedes Menschen Hand, das Gute seinen bösen Trieb meist endlich übermannt! Doch selten leider, Herren und Damen hält das Gute stand .....

The brother Ritz: Im Unterstand!

(Satan und Faust erheben sich – verbeugen sich vor dem Publikum)

Faust, dem Teufel den Vorrang überlassend, schreiten durch die Mitte ab! Der Vorhang fällt in Herzform.

Im Speisesaal des Höllenpalastes.

Personen:
Mephisto
Faust
M. Schwertlein
Göhring
Göbbels, Hess
V. Schirach
Servierende Teufel
Tanzteufel u. Tanzteufelinnen
Balet der Flammen.

Die Gäste erheben sich beim Erscheinen Mephistos und Fausts Sie erkennen den Satan erst, als er sich ihnen vollständig zuwendet Doktor Faust verharrt zunächst mitten im Saale stehend

Mephisto: Was verschafft mir die Ehre meine Herren? (Ohne ihre Antwort abzuwarten) Erfrischen Sie Sich meine Herren, nach Ihrer Reise hier in die Unterwelt! (Satan ladet die Gäste ein, sich an der gedeckten Tafel niederzusetzen.) Teufelsboys sind mit der Anordnung der Tafel beschäftigt, weisen den Gästen die Plätze an.) Der kleinste Teufelsboy trocknet mit seinem Schwänzchen Göhring den Schweiss von der Stirn und den Backen.)

Mephisto: (nachdrücklich zu Doktor Faust) Mir vis a vis, hoher Freund.

Schirach: (vorlaut und neugierig zu einem der servierenden

Teufel) Wie heisst der bleiche Mann, den er mit »hohem Freund« gemeint?

Göbbels: Dir hat geträumt, Mensch! Halt die Posaunenbacken! gefälligst!

Schirach zu Hess: Bleich wie Rosalindens Marmorbüste – in der Kiste –
Scheints mit uns hierher gereist.

Göbbels: Tragödie »dritter« Teil –

Göhring: (verweisend) Zum Donnerkeil!!!

Mephisto: (giebt Fraue Schwertlein ein Zeichen mit dem Servieren zu beginnen.)

Mephisto: Es ist bei mir am Hofe Sitte, dass jeder Gast geladen oder nicht, sein Business zur Dinnerzeit mit mir beim Glase Wein bespricht. Ich nehme an – es handelt sich um Zölle, meine Herren?

Göbbels zu Göhring leise: Von welchen Zöllen spricht das Höllenschwein?

Göhring: Hundsfott pst!

Mephisto: Ich bitte im Interesse meiner knappen Zeit, die dazu noch sehr spärlich »transportiert« in meine Hölle, ich nehme an, es handelt sich um lieferndes Petroleum frisch von der Quelle hier meine Herren.

Die vier Gäste: Heil Hitler! Für Germania und für Rom, Excellenz.

Faust: (Die Herren corrigierend) Hoheit!

Die vier Gäste: Hoheit!

(Die servierenden Teufel füllen die Becher der Speisenden). Der Satan füllt satanisch lächelnd den Becher des Marschal Göhrings selbst) Flammen schiessen aus dem Wein empor, zischen und der starke Dunst benebelt ihn.) Im Wiederschein des behexten feurigen Weins erkennt der Marschal an der weiten Wand des Speisesaals erblassend den brennenden Reichspalast. (Mit Hilfe des Films darzustellen.)

Mephisto: (Erhebt königlich seinen Pokal) Verehrte Gäste aus Germanias Gauen, ich danke Ihren Führer Adolf für sein – – – mich ehrendes Vertrauen –

Die Gäste: Heil Hitler!!

Mephisto: Für sein Vertrauen und die Ehre, Mir zu senden den Marschal »selbst« und die tapfersten aus seinem Heere.

Göhring erhebt sich schwankend und, beugt sich vor dem Satan.

Satan: das deutsche »Kleeblatt« seiner Sphäre. In Bälde meine Herren steht sein mächtiges Heer gegen England im Felde. Belgien, Polen Niederland, spielte ich Herrn Adolf, drei Kartenhäuser in die Hand. La France im Trance – genommen, – – jedoch vereint mit ihm dem deutschen Gau, erachte ich für eine – – – Messaliance, meine Herren.

Faust: (Erschüttert von der Art und Weise seines satanischen Freunds:) Satanas –!!!

Faust: (sich nicht mehr in Gewalt) Warum bezähmt, Ihr, Dunkler, aus dem Ur –

Mit Höflichkeit den heulenden Schakal in Eurer Wildnatur??

Satan: Das kommt: Ich stamm beileibe nicht aus niederem Kult,

Mein Saft ist alt!

– Ja, meine Adelshautvolée hat daran schuld.

Heinrich, mit meinem Herzen engverwachsener Mensch,

Den leckeren Edelhirsch verschmähte zu verzehren ich zum Edenlunch,

Und selbst des ersten Menschenpaares blaues Blut,

Weigerte mit ihm zu löschen, Dein Schakal, die Glut.

Mich zu ereifern »ernstlich« über fauler Adern Nass??

Anspruchsvoller fordert besseren Wein mein Hass! – ein »edler« Hass!!

(Satan wendet sich wieder den Nacis zu:

Von jeher treffen aus Paris »vorwiegend« die Sünder, ein, – ins flammende Verliess. (ironisch) Der Führer treibe in die sehr getrübte Quelle sein braves Heer nicht etwa blind hinein!! den ersten Tropfen faules Blut tröpfelte aus jüdischer Zelle!

(Die Gäste: Heil Hitler!!)

Mephisto: Vom höchsten Gipfel bis zur Seine

Eine einzige Madeleine!!

Mephisto: (sich mit Faust verständigend.)

Die alte Dame mit dem Kinnbart, die auf meinem Schreibtisch stand unsere beiderseitige Grossmama, meine Herren! Bin mit Herrn Adolf blutsverwandt. (kleine Pause) Wir beide, er und meine Herren, myself, erbten von der Höllenlady die Intrigue ...... nur gegen England führt sie nicht zum Siege! Doch stossen sie vertrauend auf uns beide Teufel an, ich warne meinen Vetter vor den Kämpfen über dem Ozean.

Ja meine Herren, vor allzu grossem Siegesdrang, mir bang, verliert Ihr Führer die geraubte Welt zum Schluss im Kriege.

Die Gäste: (authomatisch) Heil Hitler – – –

Mephisto: Versichert ihm, ich steh ihm ganz zur Disposition, ist ziemlich ausgebrannt auch meine Hölle schon.

Der Fegefeuerofen, darin die Sünder braten, lieh ich ihm für den kleinen Cohn.

(Die servierenden Teufel schauen verwundert von ihren dampfenden Schüsseln auf.) Sie tragen lange gelbe Fräcke; die Servietten zwischen Arm und Seite.) Marte Schwertlein ihnen beim Servieren behilflich)

Schwertlein: (süssüsslich animierend:) Gefallene Engelflügelchen gespickt und zart ......

Mephisto: Sie nennt die fleischlichen Fragezeichen so – verzeihe man der Dame die geschwätzige Art! Sie zählt schon über 195 Jahre christlicher Berechnung, alt.

Schirach: (vorlaut) Mein alter Herr bereits mit 50 Jahren kalt!! Das hat man hier im Höllenreich vorraus, der Mensch zum Teufel avanciert, die Lebensflamme neu geschürt, haucht ungeniert sein Leben nimmer aus.

Göhring: (gesättigt) Absurd –! (er schnaubt wie ein Tigertier): Ists erlaubt,? Verflucht und zugenäht! ich löse meinen Gurt?

Göhring schwer betrunken zu Mephisto: Und bittet untertänigst um Petrol!

Hess nüchtern Göhring in die Rede fallend: Um das Monopol für lieferndes Petrol an Deutschland, Höllenmajestät! und Rom.

Mephisto: Ich hole mir zum Danke für den Wirtschaftspakt das musige Städtchen an der Eifel. Wie heisst es doch in Deiner Poesie? Heinrich?

Dr. Göbbels affektiert: Wie es auch heissen mag – u. ohne Zweifel, mit Katz und Maus, kehrt es mein Führer gern für Majestät sich revanchierend, aus seinem Lande aus.

Schirach: Grosszügig wie der Führer ist! Der Göthe war ihm doch im Grunde zu viel Christ. Er stellte fest, dass auf »Bestellung« der Prometheus auch entstanden ist.

Satan zu Faust: Ich grabe Dir den Herrmann und die Dorothea aus der Erde aus, bevor Du noch den Morgen schausst.

Göbbels: Die beiden längst verstorbnen schlecht getauften Juden beide? (total bezecht) »Und lass sie grasen mit den Lämmern auf der Haide«, ... Weh dem Geschlechte der Germanen, die verseucht ihr deutsches Blut mit Judensamen, weh dem gesammtnen Judentum!!!

Schirach: Erhebe dich Deutschland Juda verrecke!

Alle Gäste zusammen: Weh dem gesammtnen Judentum! Heil Hitler!!

Schwertlein kehrt zurück in den Speisesaal) Verzeiht Herr Satan, und die Herren im Speisesaal, ein Knäblein: – »Grynspan« nennt es sich, ach es dauert mich und übrigem Höllenpersonal. Es kommt mit seinem armen abrasierten Kopf im Arm und hofft, dass sich der Satan sein erbarm!

Göbbels: Schleppt den krummen kleinen Mosessohn, Madämchen vor dem Höllenthron, ich wohne gerne jüdischer Verleumdung bei.

Faust: (betroffen) Gott gab ihm Kraft zur mutigen Tat! Von selbiger heilgen Kraft, die »Er« dem Grosspropheten im Egypterland gegeben hat.

Göbbels: Sie Kalkgesicht!

Satan: Beleidigen Sie den edlen Dichter nicht!!!

Göbbels: Giebts in der Unterwelt denn kein Wand?

Schirach: Der Himmler zöge ihm die Zunge aus dem Rand!

Göhring total betrunken): An die Wand, an die Wand an die Wand vorbei! –

Einer der servierenden Teufel (anklagend:) Und grabt ihn, wie einst Mosche mich, den Sünder, in den Sand.

Satan: Ein feinpanierter Haase kam er mir »bereuend« angerannt.

Faust: Die Sclavenpeitsche noch in seiner Hand.

Die Gäste lachen dabolisch. Flammen steigen aus den Bechern bis zum Plafond.)

Göhring auf Mephisto weisend: Teufelskerl!!

Göbbels: Er malt, er malt belustigend den Teufel an die Wand!

Göbbels: (in seiner Mundart) Eck fühl meck w o h l verdeck em Höllenstaate, wat meenst de Baldur, fiset Mensch, Eck lott bi öss, den K o h l, on help däm Satan, als sing Vizeking. den Dolch em Gewande, on dreh met ömm dat Ding?!

Schirach: Op Adolfs Plan: hat er erst »usse« Welt in Schoos, dann geht es mank met Höllendamp op die Hölle wacker los!!

Satan: Lacht interessiert.)

Hess: Was verrät der Klos?

Göhring: (erwachend) Halt den Atem an, sonst liegt Ihr heute noch Ihr beide unterm Moos!!

Göbbels: Fünfmalhundert tausend Teufel kamen einstmals in die Welt

Schirach: Jemineh die armen Teufel hatten keinen Heller Geld.

Göhring wieder eindämmernd) Da sprach Pipifax der Kleine (auf Göbbels zeigend) –

Göbbels: Ihr seid dumm wie Bohnenstroh! Ich allein, ja ich alleine bin ein Teufel Comme il faut!!

Alle Gäste: Ich allein ja ich alleine bin ein Teufel comme il faut!

Mephisto erhebt sich vornehm! angeeckelt und nach ihm: Doktor Faust. Sie lehnen an eine der Säulen im Raum. aus allen Ecken und Winkeln schiessen wilde züngelnde Flammen! Von überall zaubert der Satan Tanzteufel und Tänzerinnen herbei.

(Balet der Flammen!)

Satan: Dein Satan hat an dieser Nacirass' höllischen Spass!

Faust: (bitter) Wie anno 1800, Teufel – über allemaassenmass!

Satan: So sahs zur Zeit der junge Heinrich – das! – – –

Ach könnte er Frau Rätin fragen – denn es vergaß der jugendliche Dichtersmann, –

– Von wegen dieser kleinen hübschen Gans

Frau Mutter lag dem Muttersöhnchen auf den Hals ja jedenfalls auf seinen Schillerkragen:

Man nannte ihn nach »ihm« damalig schon dem Lieblingssohn der Backfischmuse Lieblingsohn.

Der hatte außerdem an ihres Sohnes Exaltiertheit »schuld!!«
– Und ich, mein Heinrich eingestanden schürte den Tumult!
Frau Mutter Goethe kam mir gerad' gelegen!!
Sie habe gar nichts, »meiner Seel«, dagegen, handelts sich um eine kurze Liaison! Um eine Tagesmariage meinetwegen – –
– Doch, Heinrich, eine kurze Mariage mit »bürgerlichem« Blut, tut aus Erfahrung keinem Dichter gut. Ich verweigerte den Segen!! Mehr hab ich nicht zu sagen!!!

Marte Schwertlein: (Wagt sich an Faust heran: Schöner Herre, darf ichs wagen?)

Faust: (zu Mephisto:) (Aufhorchend:) Ich glaubte eben Margaretens (wie aus Himmelsphären) jungfräuliche blonde Stimme, Satanas, zu hören ...

Satan: (zu sich) An meinen Faust – »gereiften«, wird das Fräulein heute nichts zerstören .... (zu Faust: Ergreife ihre Hand zum Menüet!! Ernüchtere, lieber Heinrich, fröstele nicht zu früh an ihres Busens Grossmamas Fichü und Häckelspitze. Steige früher jedenfalls ins Bett und schlürf vorher Camillenthee und Scherfleins fürsorgliche Grütze!!

Die Flammen zergehen – es dunkelt langsam.
Vorhang fällt. Die Drehorgeln spielen die Melodie: Freut euch des Lebens! wenn noch ein Lämpchen glüht – etc – von den verwilderten heiseren Stimmen der Nacis brutal begleitet. Fünfmalhundert tausend Teufel – etc.

Über den Höllenpark auf einer Terasse spielen Mephisto und Doktor Faust Schach. Unter dem Raum der Terasse spinnt an ihren Spinnrad Fraue Marte Schwertlein. In ihrer Nähe ein von Amoretten umgebener Springbrunnen, die aus Krügen Wasser in das Brunnenbassin giessen. In der Mitte des Brunnens: Psyche.

Personen: Mephisto Doktor Faust Fraue Marte Schwertlein Göbbels
Ein schwachsinniger junger Teufel: Van der Lubbe. Zwischen Gesträuch rechts vom Springbrunnen entfernt ein mächtiger Felsblock: der Götze Baal.

Göbbels, der noch in der Hölle verblieben, schleicht spitzelnd durch die Anlagen des Parks. Nähert sich der Bank, der Fraue Marte.

Göbbels: Scheints tuts wohlig Eurem Gemüt, Madämchen, am Springbrunn in der Morgenstund zu sitzen. Die Amoretten schwitzen vom Wasserschöpfen – schaut nur hin; die Psyche, deren Füsse sie benetzen, etwas – glaube ich, zu dünn.

Frau Marte: Die liebe brachte sie mit ihren kleinen Freunden in die Hölle. Schaut nur das Herzchen oben in der Quelle – und das kleinere noch in ihrem Kinn. (kleine Pause) Mir – Mir tanzt der gestrige Abend alleweile noch im Sinn. Nie sah ich so viel Edelsteine blitzen –

Göbbels: (er zeigt auf den furchtbaren Götzen im Gesträuch) Und wer ist dieses Monstrum und die kleinen Ungeheuer, die den Klumpfuß stützen?

Fraue Marte: (angstvoll) Hoho ho! .... sein Name ist von alten edlem Gestüd, und er besässe: Weltgemüt, meint Doktor Faust, Herr Naci. (sie streift Göbbels Pferdefuss.) Beileibe er hat Ähnlichkeit mit Euch, Herr Naci, wer unser Baal aus Fleisch und Blut. Geduld – ich nenne seinen Namen gleich –

Göbbels: Unausgesetzt spiegelt sich der morsche Götterstein im Teich.

Frau Marte: In jedes blanke Blatt im Höllental, spiegelt sich der Höllenbaal, Herr Naci, sehr verträglich mit der Zeit.

Göbbels: Auf jedem Fall, das interessiert mich sehr, Madämchen, doch interessierte es mich mehr, man brächte seinerstatt den Führer, Germanias Gott hierher!

Fraue Marte: Den Heiland? (sie blickt scheu auf zur Terasse: unsern – Jesu – Christ?

Göbbels: Als ob Madämchen eben erst zur Welt gekommen ist –

Der olle Jude gilt nicht mehr!

Frau Marte: (erstaunt)

Göbbels: Der Führer sandte ihn postwend, mit seinem neuen Testament per Armersünderklingelbahn, und dann in einem Äppelkahn – angenehme Wasserfahrt – heim nach Bethlehem. wo er, der jüdische Kaplan, geboren ward –

Frau Marte: Das dünkt mich hart.

Göbbels: Er lass uns Arier ferner ungeschoren. Heil Hitler!!!!

Frau Marte: Wie heisst denn euer Gott?

Göbbels: (sarkastisch) Adolf Hitler!

Frau Marte: Und die Madonna, die den Gott gebar?

Göbbels: Sie gleicht Dir Marte Schwertlein auf ein Haar.

(Er nimmt frech Platz neben Frau Marte.)

Frau Marte Schwertlein: Das kommt mir all so sonderbar – wie? Ich hörte bis zum heutigen Tag nicht von ihm reden – doch bin ich nicht geübt in diesem Fach.

Göbbels: (Er holt ein Bildchen aus dem Portefeuille) Ich trage ihn stets bei mir unsern Ariergott. Herr Wotan hiess er bei den alten Deutschen. Madämchen schaut Euch einmal an den Wotan.

Fraue Marte: (die immer schwerer zu hören im stande) Den Truthahn?

Göbbels: Truthahn – heisasa!!

Fraue Marte Sch.: Ein schöner Mann –

Göbbels: Ein schöner Mann, (sarkastisch) ein edles Profil! Heil Hitler!

Fraue Marte: Was war er früher, lieber Herr, bevor er noch als Gott begann?

Göbbels: Heisassa! Ein Truthahn!

Marte Schwertlein: Bei meiner Treu, Herr Naci, noch ebenda spazierte er an mir vorbei, gebläht den Leib, den Federfrack gespreizt

Göbbels: der Hahn im Korb!

Marte Schw.: ein wenig schiene mir gereizt.

Göbbels: Der Führer. (Göbbels lacht schallend.) (Die beiden Schachspieler blicken einen Augenblick vom Schachbrett auf.)

Göbbels: Truthahn! Truthahn! Madämchen hört wohl schwer?

Frau Marte: Und bin noch jung, das ewige Wasserplätschern stört ein wenig den Verkehr.

Göbbels: Sehr! Sehr!

Frau Marte: (geziert): Mein Herr, setzt Euch getrost mir näher, ich – ich ich nehme Euren – Antrag gerne an.

Göbbels: Bestrickende Madame .....

Fraue Marte: (koquet) Zerbrecht mir nur nicht meinen Schildplattkamm .....

Göbbels: Fromm bin ich wie ein Lamm, Feinsliebchen.

Fraue Marte: Mein Bübchen ....

Göbbels: Köstlich steht Dir das Erröten Deiner Wangen –

Frau Marte: Trauter plaudern lässt sichs und auch unbefangen, dorten, Bübchen, im Jasmin bekränzten winzigen Erkerstübchen.

Frau Marte zeigt auf ein Fensterchen im kleinen Häuschen tiefer im Park.)

Göbbels: Zur Dämmerstunde schon am frühen Morgen Kind, hiesse in der Hölle selber: Sünd.

Frau Marte: (mault wie ein Backfisch über die abschlägige Antwort.)

Der schwachsinnige Teufel von der Lubbe tänzelt mitten über den Rasenplatz und singt, sich begleitend auf einem Holzscheidt (in der Form einer Fiedel,) mit einer schmalen Säge, sie bearbeitend, immer das gleiche Lied:

In Kutta, Kalkutta,
Der Ratschah Maharadschah,

Göbbels: Wer tommt denn da?

Frau Marte: Unser schwachsinnig Teufelchen

v. d. Lubbe: Der Ritschah Rutschah Ratschah
Der Ratschahgrosspapa!

Göbbels: Den Kerl hab ich doch schon gesehn? – – – –

Frau Marte Sch.: (anstrengend hörend) Wen?

Göbbels: Den.

Frau Marte: Den Fürstensohn aus niederländisch India. Wer er nicht hier im Höllenreich, er sässe, sagt Herre Doktor Faust in Vampur bei Kalkutta auf seiner Väter Throne weich.

Göbbels: Mir scheint es geht ihm hier so einigermassen –

Fraue Marte: Stiege er nicht jeden Tag ins Flammenbad, das tolle Knäblein, dass kein Häutchen mehr am Leibe hat, – für seine Mörder Busse tun ach schmort es wie ein Suppenhuhn.

Der Baal: Für deine Seele, Aas!!

Göbbels: Wer sagte das?

Der Baal: Ich der Baal!

Fraue Marte: (furchtsam) so krass .....

Der Baal: Du Aas sei verflucht!

Göbbels: Wer sagte das?

Fraue Marte Sch.: Der Götze dorten mit dem Pferdefuss.
(Göbbels betrachtet verlegen seinen Fuss)

Göbbels: Du Götzensau behäbige und Geschwollene leidest wohl an Wassersucht! Mir dem Minister Satans Ehrengast zu grollen nach jüdischer Eigenschaft! Verflucht!

Van der Lubbe: In Kutta Kalkutta, der Ritschah, Rutschah, Ratschah, der Ratschahgrosspapa ...... (Van der Lubbe verschwindet auf einen Seitenweg. jedoch die Melodie ist lange noch zu vernehmen.)

Göbbels: Ich hoffe Frau Marte, ich habe mich verhört –

Frau Marte: Wie wärs wenn Ihr Euch beim Satanas beschwert?

Göbbels: Verschwinden wir durch die Gartentür.

Frau Marte: Die Störung wahrlich peinlich mir.
– Folge mir Schätzchen ohne Scheu, im Nu sind wir zwei am Monument vorbei. (affektiert) Heil Hitler ....

Göbbels: An Brunn und Baal gemeinsam göttlich Weib, mit Dir durchs Leben in den Tod, Du meine Seele und Verbleib!

Fraue Marte: Wie – kam das alles nur?

Göbbels: (verlogen) Hier auf der Höllenflur – ich fass' es nicht – (Er legt seine Hand, über seine Augen, die Ferne besser zu erkennen.) Dort unsere Nacierde schon in Sicht ....

Fraue Marte: (sie bleibt an Dorngestrüpp hängen) O meine Pantalons!

Göbbels: Ein Gedicht .....
Komm komm!

Frau Marte Schw.: Ich habe, Schätzchen, keine Zeit mich zu entfernen,

höchstens bis zu den Kasernen,

Göbbels: Wenn ich Euch nicht von Küch und Wirthsschaftstei, zu lang in Anspruch nehme, bin ich so frei, zu bitten meinen Schatz mich hier zu orientieren. Zuguterletzt in der Abtei!!

Frau Marte: Abtei wie soll ich deinen Wunsch verstehn?

Göbbels: Mich umzusehen in der Teufelei.

(Beide vernehmen wieder die Melodie des kleinen Liedes Van der Lubbes.) In Kutta, Kalkutta, der Ritschah, rutschah, Ratschah.

Frau Marte: Hier oberhalb mein trauter Freund, ein Paradies dagegen. (sie zeigt auf den Weg der hinab zur Legion führt) dies Berglein führt hinab in heftige Feuerregen. Es üben sich mit Feuerkräften Väterteufel und die Teufelsöhne, und brennen oft im Eifer lichterloh wie Hobelspäne. Seitdem der Naci rüstet, und das Gesicht, wie Faust der Freund des Teufels, lehrt, der Menschlichkeit entstellt. und ihrer Welt.

Göbbels: O dieser Höllenzauber reizt mich Holdeste zu sehn, Du Feeee aller Feeen!

Beide verschwinden den Berg hinabsteigend. Feuerrot und glühend geht grell die Sonne auf, und verteilt ihr Licht über die ganze Hölle. Mephisto scharlachrot beleuchtet, lehnt sich weit über die Brüstung der Verranda.

Der Baal: Auf meinen biederen Daumen, setz dich nieder, kleine Lerche, erfreue mich mit deinen jungen Liedern.

Zwei der bedienenden Teufel sind im Begriff die Jalousie der Terasse aufzuziehen.

Personen: Regisseur: Max Reinhardt. Mephisto. Faust. Marte Schwertlein. Der Baal. Van der Lubbe. Göhring. Göbbels. Von Schirach. Ley. Nacisoldaten. Der Führer. in Begleitung Ribbentrops, Himmlers und Rosenbergs.

Durch das sich lichtende Morgenrot bemerkt man Mephisto und Faust Schach spielen.

Von Ferne dumpfes, unaufhörbares Marschieren, das sich später u n g e h e u e r l i c h v e r s t ä r k t.

Mephisto: (Hebt zerstreut den Kopf – lehnt sich weit in seinen kostbaren Sessel zurück.)

Faust: Du bist nicht bei der Sache heute, Satanas, der Wein der gestrige vom neuen Fass benebelt was.

Mephisto: Die Beeren atmeten beim Wachstum giftiges Gass statt Sonne. Doch in der Hölle – lebts sich auch in eingequalmter Tonne.

Faust: (er lauscht) Kommt dieser dumpfe Schall vom Dach?

Mephisto: Er lässt schon wieder nach – Soldaten sinds vom Fach und – Krach; Bleisoldaten, Barbaren, versklavte Belgier, Niederländer, Polen, Franzosen geraubter Staaten auf den Sohlen.

Faust: (Vergessend wo er sich befindet) Der Teufel soll den Störenfried aus Braunau endlich holen!!

– Verzeiht, Satanas, Ihr könntet ihn doch holen?

Mephisto: (lächelnd) Bin im Begriff!! Halbwegs erreichten sie den Höllenstaat, in zwei und einen halben Tag allready, hier unten geht die Sache schief.

Faust: Der nimmermüde trockne Schall, dünkt mich, verschallt im All

Mephisto: Gott ist der Wache, Freund, und Satanas (prahlerisch) ist wach! Wir lassen uns nicht stören (ironisch) vom Vetter Adolf hier im Schach.

Faust: Das habt Ihr Hoheit, nun von diesem Erdensohn!

Mephisto: Er spekuliert auf meinen Thron. Doch meine Hand im Spiel,
just meine einzige Passion hier im Exil.

Faust: Euch Eure Hölle ein Exil??

Mephisto: Nur Ewigkeit ist kein Exil. Zu ihr zu finden, Heinrich, durchstreiftest Du, das – Erdental – nicht immer tugendhaft, doch immer unbefleckt das Land der – Sünden.

Faust: Der Wind schweigt heute in den Linden, das Veilchen welkte hin in meinem Glas, und Ihr mein Freund, ich darf Euch Freund doch nennen – warum so – blass?

Mephisto: Heinrich, Dein lyrisches Talent macht mir dem Satan Spass. und – rührt mich wiederrum.:
Kiwitt, kiwitt, kiwitt – über allen Gipfeln ist Ruh –
In allen Wipfeln
Spürest du –
Kaum einen Hauch ....
Kiwitt, kiwitt – die Vöglein schweigen im Walde .....
Warte nur balde –
Ruhest auch du –

Faust: (nach einer Pause) Die Kunst des Vortrags Satan, liegt Euch überraschend fein, kaum am Worte naschend, dringt doch sein Odem in das Herze ein. Jeweil doch dieser »alternde« Bericht? Und nicht aus meiner Jugendzeit ein lebenüberschäumendes Gedicht?

Mephisto: So eitel noch nach hundertfünfundfünfzig Jahren, mein Faust? Doch weh dem Dichtersmann, dem es sein Vers nicht angetan. Vom Jüngling wurdest Du zum Mann, tam, tam tam! neidetest mich um meinen Weisheitszahn.: Tam tamm – tam tamm,

Faust: Tammm tam tam! Tam tam tam!!! (Gesprochen wie Trommelschlag.)

Mephisto: »C'est un homme!!« So nannte Dich Napoléon. Frau Rätin wartete beglückt auf ihren vom Kaiser ausgezeichneten Sohn – at home.

Die Dichterin: (leise zu Mephisto) Wachholderkarl, pardon, sprich in at home, das »M« wie »N«, dass es sich sachgemäßer reimt auf Napoléon.

Direktor Reinhardt: Sch sch ...

Mephisto: (Die Dichterin verständigend) Eh bien, so nannte Dich Napoleon, Frau Rätin Deine Mutter wartete beglückt auf den vom Empereurè ausgezeichneten Sohn.

Direktor Reinhardt: (Das Textbuch in den Händen, hebt verwundert die Schulter.)

Faust: (singend) Mein Kaiser, mein Kaiser gefangen!! ....

Prof. Reinhardt: Herr Wäscher, etwas empörter: mein Kaiser mein Kaiser gefangen!!

Mephisto: Ich sprühte weiland aus dem Moselwein, als Heines Heinrich der Edeljude, der Autor dieses Liedes und es schmerzlich seine Freunde sangen.

Faust: Ein Falke spaltete Bonapart' das Wolkenmeer, und stiess zur Erde, stolzer Bassileus! selbsteigen führte er sein Heer!

Mephisto: Und teilte mit dem Heer Soldateneid – (Mephisto beugt sich über das Schachbrett) doch Freund, verlieren wir uns nicht im Rückgrade der Zeit.

Vom Mann wurdst Du zum Greis, vergafftest Dich in jenes dumme junge Reiss – Heinrich; – ich lieh Dir meinen Zauberstab, mein Teufelsglied – seit der Enthaltsamkeit – gings, ach mit mir bergab.

The Brothers Ritz: (affektiert) Shoking .....

Faust: Bergab?

Mephisto: Der alten Willkür meines Herzens grub ich selbst ein Grab. – Du aber streiftest die verstaubte graue Raupenhaut von Seel und Körper ab, gebissen von der Sinnlichkeit Tarandel, und griffest gierig nach der eitlen Hab. – Und legst nun um mich Deiner Kutte heiliges Grab. Doch sie vermag nicht meinen Wandel – n i c h t – zu corregieren.

Faust: Ich würde mich der Correktur nicht unterfangen.

Mephisto: auch bliebe mein Gebet am D o r n e meines Herzens hangen. (Pause)

Recht hat Dr. Faust, ich bin nicht bei der Sache, die Staatsbank in der obigen Welt, sie stürzt auch m e i n e Welt in Schwierigkeit, ich fürchte, daß ich bald verkrache. Doch überstand der Teufel schwierigeres Leid, zumal er weiß und schwarz spielt mit der Zeit – zu gleicher Zeit.

Mephisto: (Er ergreift zerstreut eine der Schachfiguren) Und was mich bang und bänger stimmt wie Staat und Stern, liegt hinter diesen Kriegs und Wirtschaftsdingen. Wir hörten doch den guten Engel Gabriel singen – es war am Ruhetag des Herrn.

Faust: (bewegt)

Mephisto: Engeltöne die sich schwer an mir vergingen ....

Faust: Vergingen?

Mephisto: Mir hilft kein Ringen! teuflisches Element drängt zur göttlichen Moral.

(Die letzten Schachfiguren verschwinden vom Schachbrett.

Faust: O Satanas, und kommst Du noch zur zur letzten Stunde –

Mephisto: Es stürzt die Menschheit!

Es beginnt von Neuem eine Runde.

Und doch spielt stets dieselbige Figürlichkeit!

Bevölkere solang der Mond noch scheint, zur neuen Schachpartie das Brett, mein Freund!

Mephisto: (Er schnellt weit über das Schachbrett, ergreift seinen Schachkönig.) »Schach dem Ewigen!« ...

(Ein himmelweisses Licht umkreist die Schachspielenden.)

Faust: (erschüttert) Wer war das?? – – –

Mephisto: Rouah! .... – Ein Feuer ging aus vom Ewigen – – –

Faust: (leidenschaftlich) Wälze Dich nicht, Satan, auf der Sinthflut Grund, o Gott vergieb ihm – – –

Mephisto: (herausfordernd)

Faust: O Gott vergieb ihm, der mir täglich teurer ward, die sündige Forderung, die lebelang sein Höllenleben in ihm aufgeschaart.

(Leiser Donner folgt einem Blitz – ein leichter Regen, ein Regenbogen sichtbar.)

Faust: Erblick den Friedensbogen, Satan, dort am Horrizont – – der Vater reicht Dir Seine Vaterhand.

Mephisto: Das bunte Lassowerfen habe ich in jüngeren Jahren besser schon gekonnt!

Maas und Mäßigung für das gute bürgerliche Erdenherze

Wie es auch glaubt zu leiden, und auch litt.

Es weicht nicht ab vom eingetretenen Schritt,

Gerät in finstere Bahnen nicht,

Faust: Und kommt nicht aus dem Gleichgewicht.
Mephisto: Ich aber schäume über an der Tränke,
Und achte die Gebote der Gemeinden nicht.
Teuflische Willkür speie ich dem Leben ins Gesicht,
Gebär den Tod, und lösch das Lebenslicht.
.... lege gerne lahm und matt die Elemente
Und sporne sie zum Zeitvertreib zum Sturm.
– Mittag schlägt es, hörst Dus Freund, vom Turm
Wer sagt Dir, dass es nicht schon – Mitternacht geschlagen?
Bereits zeitlose Zeit –
Faust: Ewigkeit? –?
Mephisto: Ich hörte einst den ersten Kukuck schlagen
In junger Morgenfrüh des ersten Schöpfungstags,
– Urkuckuk, eben ausgeschlüpften Kuckuk schlagen.
Faust: (begierig) Und weiter, weiter, Satan hat sich zugetragen?
Mephisto: (überlegend) Remember, Heinrich,
unzählige Jahrtausend Jahre später,
Da ich Dich aus der Bourgoisie –
– Das Frauenzimmerchen, es kam zur rechten Zeit mir gerad,
– ich Dich ergriff!? Der Satan wusste was er tat.
Wo ich Dich fand umschlungen Deine Hand mit ihrer Hand,
Dort raschelte der Teufel giftend durch das Laub der Laube.
Heinrich, ich liebe Dich .... Du bist mein Glaube .....
Auf Pfaden denen Du Dich schwärmerisch ergingst,
Ein süsser Schmetterling der Jungfrau Herz einfingst,
Jauchzend vor Lust, wie einst den Falter schon als Kind –
Ich tat für Dich weit unverzeihlichere Sünd
Ich kroch Dir nach ins Bethaus heiligstem Choral,
Und – betete Dich an – die Glocken träufelten den 1: Silbertag ins Tal.

Faust: (kleine Pause) Es riss mein Lachen sich aus mir
Mein Lachen mit den Kinderaugen,
Mein singendes springendes Lachen,
Singt Tag der dunklen Nacht vor Deiner Tür.
Es riss sich aus mir – ein in Dir,
Zur Lust Dein Trübstes zu entfachen.
Nun lächelt es wie Greisenlachen,
Und leidet – Jugendnot.

Mephisto: Erkannte doch in Deinem trunknen Knabenlied
den Ursprung wieder, Eingebung und Sinn,
Du stammst, wie ich der Teufel – aus der »Vorerinnerung«!
Und weiss, dass wenn Du sprichst, ich selbst es aus der Kindheit bin.
Du sahst von Fern voll Ungeduld die wilden Wolken nahn,
Und bändigtest den Sturm den Wetterstier in seinem Wahn!
Und irrtest dennoch zwischen Ewigkeit und »bürgerlicher Sitte«,
legtest schliesslich Dich in ihrer Mitte.
Ich rüttelte gewaltig Brudermein an Deiner Tür!
Du nennst zum Danke: »Teufel!« mich dafür.
Wie jeder Mensch und jedes Menschenvieh
Bewillkommet mich nach seiner eingesessenen Melodie.

Faust: So sprach bisher, Satanas nie ein Mensch mit mir – Frau Mutter, schlief ich weiland ihr zu lang, sie wagte dennoch nicht zu pochen an die Stubentür. Einzulassen einen Freund, noch gar Bettinchen, die so gerne guten Morgen wünschte mir.

Mephisto: (Er ahmt der Schwertlein nach) Hohohoho ho Sympathisch jedoch war Mynher, der amsterdamer Brillengläserschleifer ihr; und küsste er auch nicht den Frauen die Hand, so brachte er so allerhand! Sturm läutete es schon früh vom Turm:
Alte Sache .... Alte Sache!! – Aufgepolsterter Urverstand.

Faust: (verwirrt lächelnd.)

Mephisto: Die gute kluge Frau sie stärkte selbst die Krause Deiner Hemden. Jedoch voll sinniglichem Glücke, mir ist ich seh es noch, schlang sie das sammtne Band um Deines Silberzopfs Perrücke. Doch einmal fiel ein grollender Gewitterregen; daheim zu bleiben war ihr Springinsfeld nicht zu bewegen und er bestieg sein schwarz und weiss geschecktes Ross. – Da – kam ich ihm entgegen – der leibhaftige Teufel – Dir entgegen, Herzgenoss. An starken Strängen hielten wir das schwarzundweissgepaarte Pferd.

Frau Marte Schwertlein: Der leibhaftige Teufel – unserm Heinrich entgegen? – – – – – in Nöthen – Herr Direktor Reinhardt.

Mephisto: Im Übermaasse der Begegnung Mystik bang beschwert,
sehntest Du herbei Verehlichung Elternglück und Heerd.
Spät erst erhobst Du kühn entschlossen Deinen grauen Vogelblick zu ungehemmten Sphären, und stiessest hinter Dir die Barke ehelicher Galeeren. (Mephisto erhebt sich majestätisch. Den Schöpfer nachahmend schlägt er ein Rad durch die weiten heissen Lüfte der Hölle. Es zischt und brodelt. Der Boden im Park beginnt zu qualmen, sich zu erweichen zur Lavamasse. Es versinken die durch das Tor einmarschierenden Nacisoldaten mit ihrem Anführern bis zu den Köpfen.) (Sie schreien!!)

Die Köpfe der Versinkenden: Heil Hitler!!

Göhring, der durch das Tor tritt wird rettunglos von der Flut ergriffen.) Teufelswerk!!

Baal: Dass doch der Mensch sein böses Tun dem Teufel in die Schuhe schiebt – im Arm des Nachbars tugendhaft zu ruhn .... (Der sich erhellende aufgehende Morgen beleuchtet den Vorgang.)

Faust erblickt deutlicher die Situation.)

Faust: (Mephisto ermahnend:) Das Ewige Leben Dem, der viel von »Liebe« weiss zu sagen – ein Mensch der Liebe kann nur auferstehn! ...

Mephisto: (sarkastisch) Hass schachtelt ein wie hoch die Fackel auch mag schlagen. (er weist sarkastisch auf den Lavasumpf) mich dauert nur der leckere Klee, es freuten meine Heerden sich auf ihn an Sommertagen.

Faust: Das Jammern der Soldaten, Satanas, mein Herz es kann es nicht ertragen –

Mephisto: Ich wettete darauf, ihr mörderisches Treiben ging, wenn auch dem Doktor Faust ein unlösbares Rätsel auf. Des Rätsels Lösung – ihr gerechter Untergang, tut seinem »deutschen« Herzen weh.

Faust: Wie die Sinthflut dampft und blutet schauerlich der See .....

Mephisto: Der Welten Lauf hält selbst myself – der Satanas nicht auf. Drum nimmt der Doktor Faust, sein Turteltaubenherz, ein wenig angeritzt, im Kauf.

Faust: (Drängend) Und da die Welt doch gut war – »und sie war gut!«

Mephisto: Wie kommts, da »solche« Brut überwucherte das übrige Menschenexemplar?

Faust: Nach Seinem Ebenbilde doch erschaffen war.

Der Baal: Das Erdenangesicht von Gott durchtränkt, vermoderte von Seinem Schöpfer abgelenkt!

Mephisto: (auf Baal weisend:) Es spricht Urewigkeit, mein Heinrich, aus dieser Stein gewordenen Zeit.

Der Baal: Was ist der Mensch doch ohne Gott? Befolgt er nicht Sein Gottgebot?

Melech David erhebt sich: Lebendig ist er tot! ......

Der Baal: Bewegt das Lächeln Gottes ihn nicht mehr, so kommt er aus dem Gleichgewicht.

Mephisto: Wie Kain und übt am Bruder Mord!

Faust: (zu sich) Und reißt die Erde mit sich fort!

Mephisto: Horch wie der greise Stein wütet im Lawinengrimme.

Faust: Ich glaubte schon es wäre Gottes Stimme – (nach einer Pause) Ihr seid doch mit dem Kain verwandt? Scherztet Ihr?

Mephisto: Ich schrieb es freilich hin, ein Flammen Meneteckel an meines Hauses Höllenwand. Nahm an dass Doktor Faust den Scherz verstand. Doch – Ich »Sein« kleines Teufelchen mit ihm? verwandt!! Sein kleines Teufelchen?, das Er der Herr mit Eigenen Händen baute, als noch die Welt in heiliger Wollust braute mit ihm verwandt!! (Mephisto lacht wutentbrannt auf.)

Faust: Du sagenhafter Embrione du – spielender Mensch und sinnendes Reptil, lauernd in des finsteren Baumes Pfühle Liebesspiel.

Mephisto: Hinter blinder Mondesscheibe, trug ahnungslos die Edenwelt (erzählt wie einem Kind) den kleinen Satanas im Leibe. Indes gebar den irren Erdensohn – ein Volk im Lustmord in der Hinterstub Perron.

Faust: Satanas stelle meinen Puls zurück ..... ich ertrage nicht des Vaterlands Geschick.

Mephisto: Schliess wie in grauer Morgenfrüh das Augenpaar, als Du im Bette endlich ausgestreckt nach Saufcomment studentlichem Traha. Und träume süss von Lott und Friedericken – die Gegenwart beginnt schon einzunicken – Frau Wirtin bringe sie uns ihren goldenen Trank, noch will aus unseren Kehlen fröhlicher Gesang! (Beide singen: Mephisto bittet das Publikum mitzusingen:

Caca geschmauset, lasst uns nicht rappelköpfig sein!
Wer nicht mit hauset, der bleib daheim.
Edite, bibite collegiales,
Postmulta secula, pocula nulla
Postmulta secula pocula nulla – postmulta secula pocula nulla!
Ich trieb es etwas toll in Seiner Edenwelt, mein Freund.

Faust: Erzählet Teufel, was Ihr angestellt!

Mephisto: Ich stahl dem Herrn, ein Spitzbub ich, von ungegorenem Element, zu treiben Lotria an Seinem Ruhetage. Ein Tropfen schon genügte der Chemie – die holden Winde, lieber Gott, wie stürmten sie urplötzlich – (gab es auch dazumal nicht Sünde) – rissen an Sein goldenes Tor und ich stand lachend über meinen Streich im Zuckerrohr. So jung und so verrucht! – Dass Vater Gott nicht ausruhn konnt, hat Er womöglich gross gebucht. Ich war erst sieben Jahre alt und wurd es kalt im Herbst, trug ich ganz lange grüne Blätterhosen; und fütterte den Hinterteil mit Moosen für alle Fälle. Am liebsten sass ich in dem Kelch der Wasserrosen mit den Wetterfröschen und brach mir ab, ab und zu ein Schenkelchen das saftigste im Nu, sah gerad der liebe Vater Seinen ersten Menschenpaar und Seinen Tieren zu. Doch in der Apfelblüte in der ich nach der Untat mich versteckte, entdeckte Eva die Gefrässige mich und liess auch mich nicht unversucht. Und pflückte pudelnackt mich armes Teufelskind vom Ast. Es hat nur so geknackt, ich hielt gerad Mittagsruh im Kerngehäuse Weekendrast!
Seit diesem Zwischenfall verpetzte mich das listige Weib in aller Heimlichkeit bei Michael und Gabriel und ihrem Bruderengel beid –

Faust: Aus Furcht der Vater könne von dem kleinen Teufelssohn – – – –

Mephisto: Ganz recht die Unarten erfahren, schlich ich mich mit dem, ach, vertriebenen Menschenpaar auf und davon.

Faust: Enthusiasmiert von des Satans Beicht umarmt er ihn stürmisch!

Mephisto: Hing an einer goldenen Lenzwolke,
Als die Welt noch Kind war –
Und Gott noch junger Vater war.
Schaukelte – hei!
Auf dem Ätherei
Und meine Wollhärchen flatterten Ringelrei.
Neckte den wackelnden Mondgroßpapa,
Naschte Sonne der Goldmama.
– In den Himmel sperrte ich Gottvater ein,
Und die Welt in Seinen Heiligenschein.
– Und Gott hat: Klummbumm, klummbumm! gemacht.
Und es sausten die Peitschenwinde.
Doch später hat Vater zwei Donner gelacht,
Mit den Engeln über meine – Totsünde ….
Würde 10,000 Erdglück geben,
Noch einmal so gottgeboren zu leben,
Inmitten Seiner Engelschaar.
Ja ✡ als ich noch Gottes Teufelchen war! …

Pause – – Faust: (enthusiasmiert) Ob diese göttliche Begebenheit, ja oder nie, sich zugetragen unter Gottes Dach,? Gott trägt
sie Selbst an Feiertagen vor im blauen himmlischen Talar
Ein Goldrubin erzwahr noch bis zum jüngsten Tag
In Deiner Schläfe Satan, dunklem Gemach.

Mephisto: Und flieht man doch den Teufel und man holt ihn wieder aus dem Mist
wo nur ein Menschenherz zu bösem Tun geeignet ist.
Leg in ein Enveloppe mein brüchig Haar, das ehemals ein lockig Ringelreien war –

Du wecktest, Bruder mein, mein Herz und meine Adern, meine Venen,
Und wären meine Augen nicht versteint, – nie geweint!! –
Es weinte ich der Satan Thränen –

Faust: Gebt mir ein kleines Tröpfchen Zeit,
Lobzupreisen unsere Einigkeit,
Inniglich umhüllt in keuscher Minne.
Ich stürbe gern den Opfertod für – Dich, mein teurer Weggeleit.
(Das dröhnende Schreiten des Naciheers treibt alle Teufel und Teufelinnen in die höhere Sphäre der Hölle.) Der Satan beugt sich über das Gitter der Terasse und die Teufel und Teufelinnen sammeln sich auf sein stummes Zeichen zu einer Prozession, die geordnet über die Wege des Höllenparks – auf die Anhöhe zieht, es hat den Anschein, des nimmer endenwollenden Zugs, der später verschwindet in ein Wolkengebilde. Als letzter van der Lubbe, auf seiner Holzfiedel sein Lied p s a l m a r t i g geigend.

Mephisto: (zu Faust) Und wer nahm sich des armen Knaben an?
Ich oder gar Dein Gott?
Und liess ihn speisen mit an seinem Tisch vom Brote und vom Fisch? (Mephisto betrachtet forschend Dr. Faust.)

Faust: (Verbirgt seinen Kopf in seine Hände.) Es ziemt sich nicht des Ewigen Taten nachzuspüren.

Mephisto: Mit Deiner Schulweisheit würdest Du auf keinem Falle Zebaoth dem Herrn der Sterne imponieren, Faust.

Faust: Der Vater aller Leben, könnte Euch einmal nicht mehr vergeben – mein Leben knüpfte ich an Euer Leben, – in Frieden einst gemeinsam zu beschliessen mit Euch melodisch in den Himmelsquell zu fliessen.

Mephisto: Dein Glaube, Heinrich von der Liebe Gottes, steht

auf schwachen Füssen. Schon oftmals liessest Du Dich, Kind, von mir verdriessen, der ich doch nie im Sinne Gott des Herrn verstoßen von Ihm war. Gott ist da – Gott ist da! Ich aber lieb nicht recht – den Unsichtbaren Mann –. Sag Freund wer nahm nach Deinem Sündenfall sich Deiner an?

Faust: Uns stehts nicht zu – Gott zu verstehen in allen Einzelheiten.

Mephisto: Du Pfaffe Du!! Die Antwort würde wiederum, ich kannte Ihn, Gottvater grosse Aversion bereiten.

Faust: (horcht auf) O, Gott, nun stärker dieses Mörderische Schreiten

Mephisto: Auch sie entsagten Gott und Seinen Himmelsweiten.

Faust: Höhnten Ihn –

Mephisto: (Faust prüfend u. forschend) Die Tatsach könnte mich verleiten, Herrn Adolf höllisch ausgerüstet nach Columbia zu begleiten. Bevor im Sinken noch sein schwarzer Stern. (Kleine Pause) Was meint Herre Doktor Faust?

Faust: Satanas, Teufel, vergebt dem Erdensohn, doch nie sprach Fürstlichkeit in leichtfertigerem Ton.

Mephisto: (ergreift Faustens Hand) Bötest heute noch dem – Bösen das Himmelreich zum Lohn? (kleine Pause) Du bist unsterblich, Heinrich, bewahrt der Welt im Marmorton, und ich: kann nicht sterben. Wie denkst Du Dir die Situation – der Teufel drob im Himmelsdom?

Faust (schweigt betreten)

Mephisto: Ein Tauberich mit einem brandigen Blatt im Munde es welkt der Teufel schon – für ihn giebt es beim Schöpfer kein Pardon. Abgelöst von Stern und Stern kreiste meine Hölle, finsteres Mal im Urall. Und nicht der Mensch noch der Prophet brachte löschend sie zum Fall. Lebt sie auch heute – zu Theaterzwecken nur in der Weltenillussion!

Vorhang fällt

48 Die Jalousie öffnen zwei Teufel.

Personen: die vom vorrigen Akt.

Mephisto und Faust kehren zurück auf die Veranda.

Marte Schwertlein: (betritt auf Wunsch Göbbels die Verrande. Göbbels hält sich versteckt in der Vorhalle am Eingang der Verrande hinter Doktor Fausts Marmorstatue.)

Marte Schwertlein: Verzeiht, Herr Satan, als die Nacihelden dort in unseren Höllengarten traten, sind sie (sie legt besser Göbbels Worte aufzufangen, der sie ungeduldig wiederholt)

Göbbels: In eine Pfütze geraten –

Marte Schwertlein: In eine Grütze geraten.

Göbbels: Im Eifer dero Schachpartie, Hoheit –

Fraue Marte Schwertlein: Im Eifer dero Schachmanie, Hoheit, entging Euch – wie? eee

Göbbels: Dämlich Vieh! – –

Fraue Marte Schwertlein: Dämlich Vieh wieeee?

Faust: Wie?!!

Marte Schwertlein: Helft helft, Herr Satan, sonst er – er – er –

Göbbels: versaufen sie.

Marte Schwertlein: raufen sie! Raufen sie!

Mephisto: (belustigt) Wo steckte sie heut Morgen früh?

Marte Schwertlein: (heuchlerisch fragend) Wie?

Mephisto: Frau Kuppelfei noch ist nicht Mai!

Marte Schwertlein: Die Ariergottheit legte doch ein Ei!

Faust: Bei meiner Treu. Das Weib ist nicht nur blind

Marte Schwertlein: Und was ich sagen wollte meine Herren, (sich umwendend nach der Richtung Göbbels im Versteck) Hermann riefen ihn die anderen Naciherren – wieeee es schienen Sonne Mond und Stern von seiner vorderen wieeeee

Fasade und jammerschade jammerschade jammerschade, gerade gerade gerade, hoho ho!

Mephisto: Ersäuft e r gerade vor dem Höllenbaale.

Genug madame, verdufte froh!

Mephisto: Was treibt der schon verfaulte Huf sich noch im Höllental umher? sein Intellekt hinkt h e u t e hinterher und bricht der schwätzende Vasall sich nicht den Hals so seinen Pferdefuss für sein Wallhall. (ein markerschütternder Schrei ertönt vom Eingang der Halle zur Verranda.

Marschall Göring ruft dem Satan aus der Lavamasse zu, bevor sein Kopf versinkt in die zischenden Fluten

G ö h r i n g: Lasst ihn da oben auf den Höllenstufen nur verrecken,

er stand mir überaall im Weg an allen Ecken.

M a r t e S c h w e r t l e i n: Zur Hilfe Satan, eilt herbei! Mit meinem armen Schätzchen ist es sonst vorbei!

Göbbels hebt mit Mühe den Oberkörper: Göbbels: (zornig) Heil Hitler! meine Zuversicht –

(Göhrings Kopf schnellt noch einmal hoch) Göhring: Kopf hoch Madame, was gackelt Ihr denn so?

Marte Schwertlein: Hoho ho ......

(Man hört neue Nacitruppen herannahen.)

Von Schirrach: Adolf, Adolf, warum hast Du mich verlassen?!

Ley: So wahr ich Ley, »d e r« kommt n a c h uns noch an die Reih!!

(Mephisto hält Faust zurück der im Begriff sich stürmisch zu erheben, den herannahenden weiteren Naciheeren (links vom Höllen Parke nahend –) zu begegnen, sie zu warnen)!!

Marte Schwertlein: Niemand erbarmt sich meiner Not – – –

Faust: Ich versänke gern dort mit dem Heere in den Tod! (er wirft heftig die Schachfiguren auf dem Brett zusammen) –

So stürzt mein Herz mein Hirn und alles Eingeweid, zusamm ich flehe, Fürst, schürt wilder noch die Höllenflammen und lasst mich sterben, mich den »deutschen« Dichtersohn mit meines deutschen Vaterlandes Söhnen mit meinem Volk zusammen!

Mephisto: O diese Welt von Menschenhand!! Wär Gott nicht »Gott« verlör Er den Verstand!

(zu Faust) Du nahmst wohl Schlimmeres schon in Kauf – die Welt gab immer Dir ein Rätsel auf.

Mephisto: (zu zwei der Teufelsdiener: Schafft mir den bissigen Hengst von den Verrandastufen fort!

werft zu den übrigen Heros ihn in ihren finsteren Abord.

(Mephisto zu Faust) Du weisst, ich hab die Pferde und die Gäule alle lieb, begegnet mir doch – ab und zu so eine Missgeburt von Pferdefuss, empfinde ich den meinen, wohlgestaltet kleinen mit Hochgenuss!)

Faust: Im wohlgelungenen Versmaass versunken) Kaum traut ich meinem Freunde Friederich solch wohlgelösten Rhytmus zu! mit Grazie Fürst und neuem Versmaass Goldlackschuh, und elegantem Gruss entsteigt Ihr unserer gichtbefallenem Jambe, der alten Dichterreisekutsche Omnibus.

Mephisto: (sichtlich geschmeichelt) Ein Kind noch pflegte ich so – – liebe Verschen herzuleiern, das wahre Dichten aber überlass ich Dir. Sinkt wieder mal der Preis im Schreibpapier, so würde mir besondere Genugtuung auf Erden, von Dir besungen und erkannt zu werden. Schon zur Kenntniss aller geistlichen Behörden.

Singt Dein Gemüt, tanzt mein Geblüt – – – –

Faust: Satanas spiel' nicht weiter mit mir Blindekuh –

Mephisto: Und blinder ist der Satan, blinder noch wie Du. – Wenn mich der Tod doch träfe, ich Dir Antwort spenden könnte, die nach dem Leben phingstgeläutert, Heinrich, lichtekranzbehängt, dem gottbegnadeten nur ausgehänd; der Mond und seine Sterne sind des Dichters Preisgewinn!

Du bist unsterblich, Heinrich und ich kann nicht sterben. Es warten keine Erben auf beflissenen Buchverkauf. Und doch Dein Reich ist nicht von dieser Welt. Und lebst noch heute träumerisch, wo Dirs gefällt; hier in der Höll:, im siebten Himmel im Azur.

Faust: Die Hochschul weiland machte mirs zum Vorwurf und die Professur.

Mephisto: Ich höhne der Gelehrsamkeiten Professoren, die Zeit zum Spielen geht den Herren verloren. Wie spielerisch dreht uns beide doch der Reim. Trocken lehrt die Professur hingegen auf den von ihr meist nie betretenden Wegen. Doch jeder Studio füllt sein Büchschen für sein Nixchen mit Suppensternchen und mit Urschleim zum Mittagstisch daheim.

(Der wirtschaftliche Direktor zu Direktor Reinhardt:) fast vernehmbar: Fünf Prozent der Abonnenten sind Professoren, und übrige Freibillettöre

Direktor Reinhardt: Ich bitte Sie, melodischer zu schreien, College,

Wir mimen wie Sie sehen, im Freien.

(zur Dichterin) verehrte Dichterin, erlaubt Ihr mir zu streichen diese letzten Reihen?

Die Dichterin: Ihr fragt die Sterne – fragt den Teufel er beantwortet derlei Fragen gerne.

The eldest brother Ritz zu seinen brothers: »Bild oder Schrift?«

(er holt aus seiner Westentasche einen Dollar.)

ich wette er sagt: nein!

Mephisto: Nein! Als Sachverständiger sag ich: »nein!!«

The eldest brother Ritz: o que!

Mephisto: (mimt weiter: Du bist unsterblich wiederhole ich mein Freund, ich aber k a n n nicht sterben. Abwechselnd holt man mich zur Kasperletheaterposse! Im Puppenleib gebrochen, wirft mich der kleinste Bengel in die Gosse. – – Doch zur Kanone avanziert, wuchs ich wiederum am Tage Deiner Erben. Den Ausweg – angeeckelt bahnend mir, verschwand die Hand zur Faust gestemmt ins finstere Jenseits meiner Scherben. Aus dem versammelten hinterlassnen Kreis, vom Herrn Notar geladen, (man trank aus Mutter Rätin Sonntagstassen: Chokoladen, erhob sich einer Deiner Lieblings Söhne Faust; d e r A u g u s t ! – gerad, d e r, der immer Dir getrotzt und sich beim Hören Deiner Dichtungen am intensivesten gemopst; in steifer Krause und Manchette affektiert, in seiner Hand des Grossen Vaters goldene Lorgnette, erhob er sich und trug in »Deiner« Positur, vornehm gezügelt, wie sein Vater oft bei Cour, im Tausend Kerzenscheine Deine e d l e Totenklage vor zum würdigen Empfang der Oheimtantenleute.

Über allen Gipfeln ist Ruh – – – –
In allen Wipfeln spürest du
Nicht einen Hauch.
Die Vöglein singen im Walde, kiwitt, kiwitt,
Warte nur balde –
Ruhest du auch .....

Faust: (weint –)

Und nun da ich zu beichten hebe an
fängt Doktor Faust zu flennen an –?
An unserm e r s t e n a u f e r s t a n d e n e n Tage.

Faust: (verbirgt seinen Kopf erschüttert in Mephistos Händen:) – Ich finde mich nicht wieder

In der fremden ewigen Seligkeit –
Mir ist ich lieg von mir weltenweit –
Zwischen erster Nacht der Urangst.
Ich wollte ein Schmerzen rege sich –
Und stürze mich grausam nieder!
Und risss mich je an mich!
Und es lege eine Schöpferlust –
Mich wieder in meine Heimat
Unter der Mutterbrust.

Mephisto: Deine Mutterheimat ist seeleleer, ...
Es blühen dort keine Rosen im warmen Odem mehr.

Faust: Möcht eine Herzallerliebste haben ....

Mephisto: Und mich in ihrem Fleisch vergraben.

Faust: (indem er schmerzlich über Erde und Hölle blickt –)
»Satan hebe mein Gesicht fern und ferner der Vergangenheit entfernt. –

Satan: Ja »diese« Kunst hab ich von Gott gelernt –
Den Blick zu heben aus verflossener Zeit.
D o c h w i e d e r, B r u d e r, s i n d w i r g a n z u n d g a r i m F l u ß ! ! !
Fröhlich im Studentenchore auf dem Syrius!
(Satan ruft:) »Susanna, füllt uns den Krug mit schäumenden Hopfentrank
Zwei durstige Kehlen wir, entkommen beid dem Untergang!
(Zu Faust:) Füchschen, laß uns einen Salamander reiben!!
(Beide zusammen:)
Caca geschmauset, laßt uns nicht rappelköpfig sein,
Wer nicht mithauset,
Der bleibt daheim
Edite, bibite, collegiales,
Postmulta säcula
Pocula nulla 2 ×

Mephisto: So schweben wir wie einst in Wandertagen noch überm letzten Horizont ins Reich des Herrn! (Beide Mephisto und Faust erheben sich zu gleicher Zeit, und es hat den Anschein, sie wachsen auch körperlich zu übergrossen Menschengestalten.)

Mephisto: Teurer Bruder, lehn Dich inniger an mich an, dass Du mich, ich Dich erreichen kann. (Mephisto reicht Faust seinen Dolch)

Und stosse mir den Dolch ins Herz ..... So töte doch den Molch!!!

Faust entsetzt – weist diese Tat von sich –

Mephisto: Nun – da ich den Teufel von ihm trennen will, hats ihm der Teufel angetan!

Faust: (lächelnd) auf dem Weg zum Himmelspfade –

es schweifen meine Sinne aufgeklärt, mein Herz verklärt durch aller Zeiten Zeitengrade

(Es wölben sich Kronen aus Wolken um die Stirnen Mephistos und Fausts.)

Faust: Nun überstrahlt das Paradies uns schon .....

Mephisto: Ein Spinnweb streift die wahre Gotteswelt von sich die Weltenillussion!

(Man hört wehklagen u. fluchen die versinkenden Nacisoldaten. Hitler steht gepanzert mit seiner Leibwache und mit Ribbentrop Himmler Rosenberg vor dem Höllentor.)

Hitler: Wo steckt er?!!

Ribbentrop und Himmler: Wo steckt der Satanas?

Der Baal: Steigt in der Uniform aus Stacheldraht gefälligst, meine Herren, ins Luxusbad.

Hitler zu Rosenberg: (bebend ahnungsvoll) Luxusbad? Was meint der wulstige Kerl da oben mit Luxusbad, Rosenberg?

Der Baal: Herre Adolf sputet Euch und kommt hereinspaziert

Der Satanas hat – längst kapituliert!

Hitler: (Größenwahnsinnig prahlend) Hört kapituliert!

Der Baal: Das heisst vor Gott dem Herrn der Welt!!

(Hitler und seine Companen treten durch das Tor; es ergreift sie eine aufstürzende Lavawelle und sie versinken rettungslos in den Lavafluten.)

Baal: Windet Euch mit Stumpf und Rumpf, ganz ungeniert, messieurs, und schmecken soll Euch das Diner im schlammigen See.

Mephisto: (legt väterlich seinen Arm um Faustens Schulter.)

Mephisto: Er vergiftete das deutsche Rebenblut

Ihm fehlte in den Kampf zu ziehn »selbst«! der – Opfermut.

Er stiftete die Jugend an zum Mord! Er!!

Ein feiger Misston in der Menschheit kreisenden Accord!

Er hinterlässt nicht Asche, nicht das kleinste Häufchen Schutt!

Es folgt ein unerlöster Tod dem Antichrist und Antijud!

– – Doch meine Ichgestalt zerteiltes Urgetier,

Bescheert ein neues Leben mir –

Und durch das wiederum Entfalten

Des IchundIch

Komm ich geklärt und phingstgeläutert ich

zu mir!

– – – – Ich rate jedem der Gestalten im Publikum,

Versucht den königlichen Schnitt an dir.

Er führt zur klaren reinen Fuge!!

Leeren wir vordem aus einem Kruge den Rest zum Heile dieser Welt!

– – – Gedulden Sie Sich Publikum, bald naht des fünften Aktes letzte Zeile –

...... Ich habe keine Eile –

Wer zuletzt lacht, Engel oder Teufelus im Menschentume, lacht zubest.
Sie aber lauschten mir im Publikume, Adon, Gewereth,
»Füllt einen weiteren Krug Frau Wirtin Muhme!«!
Es lebe hoch mein Publikum!!
Torabwärts schreitet das Verflossene,
Ich bin mit mir vereint in eitel Melodie und Glück
.... So ferne Musik .....
Und zwischen Kampf und Frieden, steigen meine Blicke: Pyramiden
Und sind die Ziele hinter aller Zeit.
(Die Psyche des Brunnens überreicht mit Hilfe der Amore dem Baal zur Bestattung der Nacis einen Kranz aus Schilf und Schwertlilien. Baal wirft sie auf die Nacis in den Schlamm.

Baal: Gehabt Euch wohl in Eurem schwarzen Mauseleum!

Faust: Die Himmel weben, fürsorgliche Engel,
Um uns – Flügelkleide ....
Bald sind wir auf der blauen Weide –
Und blicken noch auf die von uns verlassene Welt,

Mephisto: Wie man bestattet Dich mein Herzgenoss und mich

F: Uns beide – stillvereint im Leibe: I c h u n d i c h.

Mephisto: Und sich berauscht an unserem edelen versöhnten Leide
Die Geistlichkeit in ihrer Ursprach althebrit.

Faust: Und sind doch mit dem Erdenleben quitt!

(beide Mephisto und Faust singen leise: zum Publikum gewandt:
Freut euch des Lebens da noch ein Lämpchen glüht,
Pflücket die Rose, eh sie verblüht .....

Im Garten eines Augenarztes in Jerusalem.

Personen: Die Dichterin. Die Vogelscheuche des Gartens. Chefredakteur des Haarez: Mr. Swet. Der Zuschauer

Der Zuschauer, der der Dichterin unbemerkt gefolgt ist:)
bis vor der Pforte des tropischen Gartens:)

Der Leser: Verzeiht, geliebte Dichterin, die kurze Frage: Habt Ihr das Schauspiel ganz – allein? gemacht?

Die Dichterin: Ahmt die donnernde Stimme des Baals nach.) Gelacht!!!

(Der verduzte Leser verlässt eiligst den Eingang des Gartens. Die Dichterin tritt erschöpft in den Garten und setzt sich am Rande des weiten Rasens nieder auf eine Bank.)

Es naht schwankend die Vogelscheuche höchst malerisch gekleidet. Die Vogelscheuche bleibt vor der Dichterin stehen.)

Die Dichterin: (nach einer kleinen Pause) Take seat, sir, if you please.

Die Vogelscheuche: Man wird müde auf den Kies. Mich hungert ausserdem auf english und hebrit. In anderen Gärten wachsen Früchte und Gemüs.

Die Dichterin: Ich hab noch eine Schachtel Katzenzungen –

Die Vogelscheuche: Die schenke Strassenjungen. Mir munden Rüben, Blattsalate und Radies und überdies bin ich versessen auf alle Arten Kressen. Was denkt sich blos die Frau des grossen Augenarzts, die Vogelscheuch braucht nichts zu essen? Und Tag und Nacht dazu auf Wacht in greller Sonn und ohne

Augenglass – und ohne Regenschirm – kommt erst Novembernass.

Die Dichterin: Ich will Dir gern Gesellschaft leisten.

Die Vogelscheuche: Am allerbesten wir verreisten – die Ostertage? – entgehen dem Klattsch, – ich bin romantisch eingestellt, – und die Welt, sie würde mir zur Sage.

Die Dichterin: Sind wir doch arme Kinder Israëls beid, in gleicher Lage. Und traben heut noch durch den Wüstensande.

Die Vogelscheuche: Erlaube mir zu fragen, wo warst Du vorher all die Zeit? Wie es noch hell?

Die Dichterin: Sehr freundlich lud mich ein im Switzerlande, bevor ich herfand, Wilhelm Tell.

Die Vogelscheuche: Und mich verbarg Madame von Stein in Weimar unter ihrem Kleidgestell.

Die Dichterin: Wie drollig!

Die Vogelscheuche: Jedoch alsbald spazierte ich zu Fuss mit Wolfgang meinem I n t i m u s –

Die Dichterin: Durch den östlichen Diwan?

Die Vogelscheuche: Durch den öst und westlichen Diwan. entre nouss, ma petite Chérie.

Die Dichterin: Mit Wolfgang von Goethe verreisten Sie?

Die Vogelscheuche: Ich erröthe über Deinen Zweifel.

In Sommertagen ach wie oft streiften er und ich durch das Tal der Eifel. – Ich war sehr eifersüchtig gab die Dorothee meinem Freunde einen Kuss, in der Dämmerung am kleinen See.

Die Dichterin: Hermanns Dorothea? o Ohh!

Die Vogelscheuche: Die Weiber sind mal so .....

Die Dichterin: Ohh ....

Die Vogelscheuche: Ich jedoch schäumte vor Verdruss! Doch zum Ersatz trat er mir seine Muse knapp für paar Tage ab.

(er singt herzzerbrechend falsch)

Kennst du das Land, wo die Cithronen blühn,
Im grünen Laub die Goldorangen glühn? etc etc etc .....

Die Dichterin: Du warst es also eigentlich, der das Lied der ganzen grossen Welt geschenkt?

Die Vogelscheuche: (legt bestätigend die Hand an den Rand seines Huts.)

Die Dichterin: Beschau ich Dein genialgeschwungenes Kinn, trau ich Dir gerne zu die träumerischen Verse immerhin.

Die Vogelscheuche: (er bläht sich eitel auf)

Die Dichterin: Du scheinst belesen Mon. Vogelscheuche, ich las im Leben wenig, Monsieur Vogelscheuche, denn ich vertrage nicht die blätternden Geräusche.

Die Vogelscheuche: Eh bien, wenn ich mich rühmen darf, bin namentlich auf alle Schmöcker scharf (er zeigt auf das Haus des Augenarztes) halb eingenickt (er blinzelt die Dichterin vertraulich an) Vergißt den Klassiker broschiert der Augenkranke auf den Tisch, schnapp halt ich ihn am Schwanz den Fisch und bilde mich wie es sich unter herrschaftlichen Leuten schickt.

Die Dichterin: Darum auch nahm ich stets mein Mahl allein – so selten ladet Hinz und Kunz mich Unbelesene zur Tafel ein.

Die Vogelscheuche: Ach weine nit, mein armes Kind, auch lange ladet man die Vogelscheuche nit zum Zimmtliquieure und Bisquitt.
Wenn ich doch meine Fiedel hätt,
Wir tanzten beide Menuett.

Die Dichterin: In einem Kleid aus diesem immer weissen Gartendunst ...

Die Vogelscheuche: Da schrieen, sollt ich meinen, nicht allein die Katzen Brunst.

Die Dichterin: (hochmütig abweisend) oh ....

Die Vogelscheuche: Hab keine Furcht, verehrte Dichterin, ich bin, von vornherein bemerkt, aus Besen, Stroh, ein angemaltes höheres Wesen, mein Zopf ergraut stammt aus der Truhe, aus Wolfgangs Zeiten Rococo. Ein leidiger Asket, ersöffe man mich auch in Leth, was hab ich zu vergessen schon – – –

Die Dichterin: Wie weh vor allen Dingen rührst Du mich –

Die Vogelscheuche: Ja ich – verführte Dich –

Die Dichterin: Warum gerad mich? Doch wüsst ich gerne Deinen Namen, sag wie ruft man Dich?

Die Vogelscheuche: Zu Feierzeiten: Abraham! Auch Isaâk, aus aller Winkel Gartenseiten. Auch Jaâkob bei Gelegenheiten. Kommen öfters die Geweretts zur Gewerett – – in ihren Theesalon, rufen sie nach mir: dem kleinen »Cohn«.!!

Die Dichterin: (mitleidsvoll) Deine Wangen, lieber Abraham blühen wie junger Mohn.

Die Vogelscheuche: Doch meiner Halskravatte blauer turtelblauer Farbenton, erheblich schon im Juli ausgegangen.

Die Dichterin: Dagegen macht sich äusserst interessant – (sie weist auf den Spalt in seiner Stirn)

Mr. Swet: (Der ungesehn den Garten betreten, die letzten Worte vernimmt:) die tiefe Narbe wettertrotzender Gartenbarbe.
– Hier find ich Dich prinzliche Dichterin, (ironisch) und zwar mit einem – chiken Chevalier. Bist Du so arm zu stehlen Dich nach dem Applaus, auf Zehen aus dem Bühnenhaus?

Die Vogelscheuche: Beleidigen Sie mich nicht, monsieur, vor allen Dingen nicht weiter mehr madame la soeur!

Mr. Swet: Lag nicht in meiner Absicht, parole d'honneur!

Die Vogelscheuche: Hier im Gartenraume bin ich Herr und noch viel mehr!!

Mr. Swet: Es war nicht meine Absicht grandseigneur, Sie zu insultieren.

Die Vogelscheuche: Das sollten Sie Herr Mister, auch probieren! Es knarrten lange nicht die Vor und Ausgangstüren.

Mr. Swet: Ich staune Gartenfürstlichkeit, über Eure gastlichen Manieren.

Die Vogelscheuche: Umgang mit Menschen lehrte mich mein Oheim Flachsmann – Geheimrat Flachsmann schon.

Mr. Swet: Ich bitte Euch, genug davon!

Die Vogelscheuche: Und überdies bekommt mir Ärger nicht, excüse, denn streng, Sir Swet, ist mein Service.

Die Dichterin: Tatsächlich, in der Tat, täglich 10 Stunden und noch Überstunden scheucht er die Spatzen von der Saat.

Die Vogelscheuche: Mich schmerzen meine Ermel meine Hosenstelzen und habe keinen Assisstent wie oben er, die Arbeit abzuwälzen, und keine Zeit in der ich ausruhn könnt.

Mr. Swet: Nach Eurer Ausdrucksmöglichkeit, monsieur, habt Ihr zur Journalistik ungeheures Talent. Ich stelle Euch anheim, monsieur, mir zu schreiben auf der Flur einen etwa dreissig zeiliges Essaye für den Haarez, über Gartencultur.

Die Vogelscheuche: (sehr geschmeichelt) 12 schlägt es gerade auf des Warteraumes vorweltlich-verstimmten Uhr.

(Der Vogelscheuch schwankt über seinen Platz in die Mitte des Gartens zurück durch die Thür in das Haus des Arztes.)

Die Dichterin: Er schwankt der Arme wie vom starken Wein erfasst. ich habe Angst er bricht sich noch sein Hosenbein –

Mr. Swet: Im Kaufhaus Schwarz bekommt er neue Besen –

Dichterin: Sie sehen doch er ist ein Wesen; .... war er auch nie wie wir mal klein.

Mr. Swet: All right! Und niemand ihn einmal vermisst. Ruiniert vom Herbst wirft man den Burschen auf den Mist.

(Mr Swet setzt sich ans Kopfende der Dichterin, den sich gelösten Senkel seines Schuhs zu binden.) Ich hoff Ihr Freund Der Vogelscheuch lässt uns in Ruh nun eine Zeit?

Dichterin: Und was ist Ihr Begehr, dear Sir, was führte Sie hierher, Mr Swet? Noch – so weit?

Mr. Swet: Allright Mich interessiert Ihr Schauspiel sehr.

Dichterin: Das ehrt mich sehr, Mr. Swet.

Mr. Svet: Doch zwischen Dichten und Berichten – himmelweiter Unterschied!

Verehrte Dichterin.

Die Vogelscheuche: (kehrt mit einem zerdrückten alten Cylinderhut in den Händen (sorglich tragend) zur Bank zurück.)

Die Dichterin: Ich bin so müd –

Mr. Svet: Der Leser einer Zeitung, zumal Theaterfreund, erwartet unbescheint, ja sachgemäß die kühle Wahrheit!

Die Dichterin: Odemlos, leblos wie diese gegenwärtige Zeit.

Die Vogelscheuche: Schaut, Sir, durch Euren Besuch fühlt sich der Arzt geehrt, sein Haus geweiht, und sendet Euch den Burenhut aus seinem Antiquitätengut.

Mr. Svet: Ohms Cylinderhut??

Die Vogelscheuche: Er stand einst Eurem Grandpapa aus grauem Pergament famos.

Ich lege ihn auf unserer Dichterin blauen taubenblauen Schooß

Setzt ihn gefälligst auf, er steht auch Euch dem Enkel excellent.

Mr. Svet: I thank jour Doktor Mr. Vogelscheuche, with heart and hand!

Vogelscheuche: Ich sehe noch im Geist friend: Krüger armverschränkt

Mr. Svet: Wie??

Vogelscheuche: O Jes; wir beide schritten nach der Wahl heim ins Missisippi Tal together

Zu beiden Seiten – noch rauscht in meinen Ohren das Gewässer.

Mr. Svet: all right, kommt morgen auf die Redaktion um 8 gefälligst wenn ich da sein sollte schon –

(Die Vogelscheuche schnitzt ein Herz in einen Baum Stamm in der Nähe der Bank.)

(kleine Pause)

Doch nun verehrte Dichterin, glaubt Ihr in Eurem grossem Reim das Rätsel dieser Welt gelöst?

Die Dichterin: Nein! Wie meine Hälfte ähnlich schon erwähnte ungeschminkt zu dem zweiten Teil. Die Wahrheit gänzlich zu beweisen, bin ich bereit auf höheren Geleisen.

Mr. Swet: Nie wird auf dieser Welt, das Weltenrätsel ganz gelöst Im Kreis der Freunde nicht, im Wandel Ichundich, im Tale zwischen Höhen, Und nicht im Arm der Liebsten tanzumdrehen!

Die Dichterin: Da sichs in dieser Welt nicht lösen lässt, Mr. Swet

Mr. Swet: Im Wein und selbst im Leth bleibt Rest.

(Die körperlose Stimme Davids: Rest bleibt im goldenen Pokal, im Königlichsten senkt sich Rest. ✡

Die Dichterin: Und welche weitere Frage stellen Sie an mich? Mr. Swet?

Mr. Swet: Was setz ich meinen Lesern vor den sehr verwöhnten vor beim Frühstückstisch?

Die Dichterin: Reimt einen Reim –

Vogelscheuche: Vielleicht – geölter noch als sie und ich.

Mr. Swet: Das – ginge allenfalls n o c h unterm Strich.

Die Dichterin: Und es entspannen alle Nerven sich.

Die Vogelscheuche: (wieder vom Rasenplatz her:) Fragt nicht so viel steht denn nicht alles sachgemäss im Spiel?

Ihr Grandpapa: Ohm Krüger war ein Staatsgenie und er vererbte seine Kunst an Sie Mr. Swet. Und dessen würdigen Cylinderhut setzt ihn gefälligst auf, er steht auch Ihnen gut. (Die Dichterin schliesst die Augen)

Mr. Swet: So müde?

Die Vogelscheuche im Begriff sich der Bank zu nähern: Totmüde, Sir.

Mr. Swet: – Mir ist sie stirbt? ...

Die Vogelscheuche: Das rechte Augenlid bewegt sich leise auf und zu und – zirpt –

Die körperlose Stimme Königs Davids: Täubchen, das in seinem eigenen Blute schwimmt – .....

Mr. Swet: Im Tode noch die »laue« Welt verstimmt ....

Die Vogelscheuche: Sie ist so klein – sie ginge in das neuaufgeworfene Maulwurfloch hinein –

Mr. Swet: Wir decken sie mit feinen Zittergräsern zu –

Die Vogelscheuche: Ach könnt ich meine Füsse setzen flink wie Du –

Mr. Swet: Ich schneide mir zum Angedenk von ihrem Haar –

Die Vogelscheuche: Schau, und ich bedeck ihr kleines Händepaar mit mon Mouchoir.

Die körperlose Stimme Davids: Sie malte einen goldenen Spann wie einst mein armer Absalom sich übers dunkle Haar. ✡

Mr. Swet: Sie stirbt .....

Die Vogelscheuche: Und ohne Geistlichkeit, Raf, Scheik, Pastor –

Mr. Swet: Tor – – –

Nachspiel.

Und die Moral des Höllenspieles theatralischer Geschichte –:
Das Teufelchen im Himmel – wiederum – Allotria treibt.
Es trat mit Faust, in ihrer Mitte Gottes Dichterin,
Noch vor dem Mittagsbrot vor Gott im Blauen hin.
Und als der Liebe Gott das Bübchen sah,
Lächelte Sein Heiligenschein im Haar.
Und das entging dem kleinen Teufel nicht –
Er streichelte dem Lieben Gott Sein sorgenvoll' Gesicht –
Und reichte artig Ihm in einer langen Röhre,
Die Ihm gestohlene noch ungegorene Athmosphäre,
Die so viel Unglück brachte Gottes Welt;
Und irrige Märchen setzte in die Köpfe der Geschöpfe!!
– Drauf sprangen beid' zur Himmelsleiter,
– Spielten mit den grossen Engeln: Reiter.
Im Paradiese – wird man wieder klein ....
Doch manchmal blickt Der Vater Gott Sich um:
»Klummbumm! Klummbumm!!«
Wenn Teufelchen am »Ruhetage« summt und brummt,
Durch einen feingeschnittenen Halme aus dem Rohre,
Vor Seinem wolkenblau bekränzten Schabbatttore –
– – – Der Erzschelm!!!! einen Psalm .....

Das Stück ist aus –
Ich weiss nicht weiter ......
Doch man hört vom Erdensterne nah – fragen: »Glaubst du an Gott?«
Vorhang fällt!

66 Die Dichterin singt leise hinter dem Vorhang:

Die Dichterin: Ich freu mich so, ich freu mich so: Gott ist »da«!!

VERZEICHNIS DER ABGEKÜRZT ZITIERTEN LITERATUR

Die Texte Else Lasker-Schülers werden nach folgenden Ausgaben zitiert:

KA • Else Lasker-Schüler, *Werke und Briefe.* Kritische Ausgabe. Im Auftrag des Franz Rosenzweig-Zentrums der Hebräischen Universität Jerusalem, der Bergischen Universität Wuppertal und des Deutschen Literaturarchivs Marbach am Neckar hg. von Andreas B. Kilcher <ab Bd. 9>, Norbert Oellers, Heinz Rölleke und Itta Shedletzky. Bd. 1: *Gedichte*, bearbeitet von Karl Jürgen Skrodzki unter Mitarbeit von Norbert Oellers, Frankfurt am Main 1996. Bd. 2: *Dramen*, bearbeitet von Georg-Michael Schulz, Frankfurt am Main 1997. Bd. 4: *Prosa. 1921-1945. Nachgelassene Schriften*, bearbeitet von Karl Jürgen Skrodzki und Itta Shedletzky, Frankfurt am Main 2001. Bd. 5: *Prosa. Das Hebräerland*, bearbeitet von Karl Jürgen Skrodzki und Itta Shedletzky, Frankfurt am Main 2002. Bd. 10: *Briefe. 1937-1940*, bearbeitet von Karl Jürgen Skrodzki und Andreas B. Kilcher, Frankfurt am Main 2009.

SG • Else Lasker-Schüler, *Sämtliche Gedichte*, hg. von Karl Jürgen Skrodzki, Frankfurt am Main 2004.

Der Text dieser Leseausgabe folgt dem einzigen überlieferten Typoskript von *IchundIch*, das im Nachlaß Else Lasker-Schülers in der Jewish National and University Library Jerusalem, Else Lasker-Schüler Archive (Ms. Var. 501 [2:20]), liegt. Else Lasker-Schüler hat das Typoskript handschriftlich überarbeitet und an zahlreichen Stellen ergänzt.[1] Das Nebeneinander von (maschinenschriftlichem) Ae/Oe/Ue und (handschriftlichem) Ä/Ö/Ü wurde zu Ä/Ö/Ü vereinheitlicht. Getreu der Vorlage hingegen werden ss und ß wiedergegeben. Eine Vereinheitlichung nach orthographischen Regeln hätte vielfältige Eingriffe in das Else Lasker-Schüler eigene Verständnis von Orthographie zur Folge gehabt: Sie schrieb »Finsterniss« und »Illussion«, wohl um einen scharfen S-Laut zu betonen, und gebrauchte veraltete (fremdsprachliche) Schreibweisen, etwa »cynisch« oder »Intrigue«. Offensichtliche Flüchtigkeitsfehler, die sich vor allem durch das Vertauschen von benachbarten Buchstaben auf der Tastatur ergeben haben, wurden korrigiert, was durchweg zweifelsfrei geschehen konnte.

IchundIch dürfte im wesentlichen im Sommer und im Herbst 1940 entstanden sein. Else Lasker-Schüler erwähnt die Niederschrift mehrfach in den Briefen an Salman Schocken, ihren Gönner und Förderer in Jerusalem, wo sie seit Anfang April 1939 lebte. Die erste Erwähnung von *IchundIch* findet sich im Brief an Salman Schocken vom 15. Juli 1940: »Mein Buch wird gewiß erst nach Jahren gedruckt werden können von wegen Theaterstück, das darin vorkommt.«[2] Am 8. Oktober 1940 schreibt sie an Salman Schocken: »Theaterstück fertig – ich bin ganz verliebt drin! ›Weh dem Dichter, dem seine Dichtung nicht hats angetan!‹ Sagt Mephisto in meinem neuen Schauspiel: Der bekehrte Satan, heißt es. Anfang und Ende direkt (objektiv gesagt) wunderbar.«[3]

Ihr neues Stück trug Else Lasker-Schüler am 20. Juli 1941 abends im Jerusalemer Alfred Berger Club vor, einem Gesellschaftsraum im Haus der HOGOA (Hitachdut Olej Germania we-Olej Austria: Vereinigung der Einwanderer aus Deutschland und Österreich). Dieses befand sich an der Ecke Mamilla Straße (später umbenannt in: Gershon Agron Straße) und King George Straße und war die zentrale Anlaufstelle der deutschsprachigen Einwanderer in Jerusalem. Die HOGOA betrieb dort unter anderem eine Volkshochschule, in der zum einen Hebräischkurse angeboten wurden und zum anderen Vortragsveranstaltungen zu kulturellen, politischen und religiösen Themen stattfanden. Zu ihrer Lesung erwartete Else Lasker-Schüler namhafte deutschsprachige Einwanderer wie den Philosophen Hugo Bergmann, den Architekten Leopold Krakauer (»unser mächtiger Bergmaler«), den Pädagogen und Kulturphilosophen Ernst Simon, den Journalisten Gershon Swet und den Rabbiner Kurt Wilhelm. Erhalten ist der Text einer Einführung, die Else Lasker-Schüler eigens für den Abend geschrieben hat:

> »Verehrte Damen und Herren. Bevor ich beginne mit meiner Vorlesung, begrüsse ich Sie mit einem Schalom. Ihnen meine Damen und Herren, denen ich so häufig in Rehavia oder mitten in der Stadt Jerusalem zu begegnen pflege, bitte ich sich tief in Ihre Clubsessel zu bergen als ob Sie Sich im Theater befinden das sogar meist zwei Stunden manchmal überstunden Aufmerksamkeit beansprucht. Ich mache

eine kurze Pause – vielleicht, denn ich kann Ihnen leider kein Foyer bieten, an dessen Büffets Sie Sich zu erfrischen vermögen.

Und weiss doch selbst am intensivesten was Erfrischung bedeutet. Sass ich doch den Winter hindurch in meinem ungewärmten Zimmer und wurde frischer und frischer meiner Dichtung erhalten, ich hoffe dennoch sie erwärmt Ihr Herz, meine Damen und Herren und ich denke an den Vers den ich als Schulkind der dritt untersten Classe (weiter bracht ichs nicht) im Style Heines reimte und meiner von mir angebeteten Mama ins Album schreiben musste:

Was hat die Lieb mit der Saison zu tun
Was sollen diese Possen, ...
Ich weiss mir sind im Januar
Die heissesten Thränen geflossen.

Unbegreiflich mir zwar, ich nun das zweite Palästinabuch geschrieben habe, im Lande in dem der Prophet erst nach einer Mumienzeit pflegt erkannt zu werden und die Dichterin im Grunde nichts gilt. Oder nur bei einigen Einwohnern der palistinäsischen Städte, neugierig und wiederum unsicher oft wohlwollend lächelnd erkennt mich im Vorbeischreiten der Bürger. Ja selbst der Universitätsgelehrte nur Adon <ein Wort unleserlich> der Blumenapostel stellt mich gern in der gleichen Glasvetrine zu den Allraunen.

Ich bin ja auch nicht ganz und gar ein Mensch, aber auch kein Tier, aber ewig mit mir in Spaltung, meine Damen und Herren und das darf Sie nicht wundern, meine Damen und Herren, dass ich mich kurzerhand radikal in zwei Hälften teilte, seelisch ich glaube auch körperlich. Verzeihen Sie wenn mir etwa am Verstand fehlen sollte. Manche sagen es so en passant denn ich bin mit den Bettlern ein Bettler in der Stadt bei meinen 22 Büchern die ich geschrieben und illustriert und bei jedem neuerscheinenden Buch einen neuen Concurs anmelden musste. Doch an diesen Banquerotten denen wir Dichter wohl alle ausgesetzt, verarmte ich niemals im Leben. Ich verarmte – Raten Sie mal, meine Damen und Herren, an der Ungläubigkeit mir und meinen mir von Gott bescheerten Erlebnissen gegenüber merkwürdigerweise hier in Jerusalem – hier in Jerusalem der Heiligen Stadt, den monumentalsten Bauplatz der Welt, auf den Abba unser aller Gottvater den ersten Stein zum Bau Seiner Stadt pflanzte. Ich gebe zu, Wunder beunruhigen sie kommen aus einer uns unbekannten Welt und der Mensch der sie empfängt wird in einen Zustand versetzt, der nur tiefste gläubigste Hingebung zu ermöglichen im Stande. Ausserdem verpflichten Wunder sich zu vollenden. Aber genug davon – wir wollen heiter diesen Abend sein – mir wird schwindelig – unser mächtiger Bergmaler sitzt unter ihnen treibts noch bis zur Spitze. Und dort Hugo Bergmann früher waren wir er seine Frau und ich Strassenjungen in Prag – nun ist er Professor – wie doch ein Mensch herunter kommen kann. Bitte einige Minuten Stillschweigen.

Mitten unter dem verehrten Publikum begrüsse ich alle die Arten und Abarten Dichter so Ernst Simon, dessen Vorträge parallel auf der fünften Symphonie Götterfunken seid umarmt etc etc gestimmt die Jugend Palästinas in den Mantel einhüllt.

Sind Sie es nicht Doktor Goldstein und die vielen neuen jungen Dichter, zwischen Ihnen Dr. Goldstein der das er-

> ste Volkslied hierher nach Asien brachte: Kommt a Vogel geflogen, setzt sich nieder auf mein Fuss ....
>
> Und der Sohn der Freiheit schreibt es und doch in seinen Büchern holt er immer Zeugen: Z. B. Auf dem Sinai zerbrach Moses schon einmal als sechsjähriger Realschüler seine Tafel. Die Brüche wurden ihm anfänglich schwer zu lösen. In Klammern: Siehe: 275. Seite im neusten Buch <ein Wort unleserlich> Oskar Goldbergs. 3. Band
>
> Haben Sie verehrte Damen und Herren einmal einem seiner Vorträge beigewohnt? Gebäude ohne Wohnungen. Darum mögen ihn die Spiessbürger nicht.
>
> Sie lächeln Ernst Simon nicht jeder vermag die Jugend zu erziehen und seid umarmt Götterfunken fünfte Symphonie etc. Und Dr. Wilhelm unser Beichtvater in seiner Westentasche trägt er für mich immer eine Absolution.
>
> Und dort der liebenswürdigste geniale Mr. Swet, Enkel Tom Krügers
>
> I. B. so:
>
> Bitte kommen Sie morgen früh ¼ nach 7 pünktlich wieder meine Lieben, mir zu früh, wahrscheinlich bin ich nicht da.«[4]

Franz Goldstein (»Doktor Goldstein«) besprach den Abend in der *Palestine Post* (Jerusalem).[5] In seinem Beitrag mit dem Titel »Devil's Masque of Past and Present« heißt es: »At times filled with a grotesque humour, the play also has passages of almost visionary power and lyrical beauty. It might most easily be defined as surrealist Offenbach.« Ähnlich äußerte sich auch Schalom Ben-Chorin (»der Sohn der Freiheit«) im Tel Aviver *Mitteilungsblatt*:[6] »Vor einem überaus zahlreichen (und illustren) Publikum las Else Lasker-Schüler im Jerusalemer

Berger-Klub ihr neues Schauspiel ›Ich und Ich‹. Das Drama bildet einen Teil des neuen Palästina-Buches der Dichterin. Es ist eine wunderliche Szenenfolge voll ›Scherz, Satire, Ironie und tieferer Bedeutung‹ und – vor allem – gross-dichterischer lyrischer Stellen. Es spielt gleichzeitig in Erez-Israel und in – der Hölle. In der aktuellsten Zeitgeschichte und in der Ewigkeit. <…> Ein autarkes Stück, in dem bereits Regie, Publikum (ein wahrhaft königliches) und Kritik vorweg genommen sind.«

Mit der Arbeit am – nach dem 1937 erschienenen *Hebräerland* – zweiten Palästinabuch, einem groß angelegten Werk, in dem ursprünglich Gedichte, Prosa, dramatische Texte und Zeichnungen veröffentlicht werden sollten, hatte Else Lasker-Schüler 1937 unmittelbar nach ihrer zweiten Palästinareise begonnen. Das Buch sollte zunächst den Titel *Tiberias*, später *Die Heilige Stadt* tragen. Vollendet wurden neben einigen kleineren Abschnitten lediglich der Prosatext »Auf der Galiläa nach Palästina«[7] und das Schauspiel *IchundIch*. Für ihr Schauspiel schrieb sie zudem eine Vorrede mit dem Titel »Anfang«, datiert 9. Juli 1943:

> »Anfang.
>
> Ich habe immer Gärten geliebt und ihr Rosengeschmeide und es beseeligte mich, kam am Abend der Kommet in langer Sternenschleppe, ein Pfau, oben durch den Himmelspark gewandelt, am Saume im Blumentraume der Gärten. Ich fühlte mich so eins mit der Welt und ihren Vorgängen; noch heute besuchen mich allabendlich die Sterne und der Mond, mein goldener Oheim! Ich erbte seinen stürmischen Wandel wenn er das Gewölk der Dunkelheit zerteilt. – Ich sei wie der Mond, der kommt und urplötzlich verschwindet hinter dem Vorhang der Welt. Ich gehe dem

Mond nach ..... wie man in den Rheingegenden zu sagen pflegt. Ich erbte seinen unaufhaltsamen geheimnissvollen Wandel. – Ehre bereitet es mir, senkt er das goldene Haupt, gerade über meinen neuentstandenen Vers. Sind wir bisweilen auch, wie eben bei Verwandten üblich, nicht derselben Meinung, so durchleuchtet er doch meinen Gedanken magisch immerdar .... Leser, du lächelst wieder so wohlwollend, wie der beherrschte Lesende über den Dichter heimlich zu lächeln pflegt. Ahnst nicht wie weit wir einander abrücken, uns entfernen. Ach ich bin allein in der Welt ..... Excüse! es schellt: – der Mond! – – –
Alle wir Dichter sind mit dem Mondkönig verwandt. Nicht grundlos das Sprichwort: Es soll der Dichter mit dem König gehn. Und wie jedes Kind seinen Schutzengel, so jeder Dichter seinen Schutzmond!

(Trommel und Flötenmusik)

Mich führte in die Wolke mein Geschick –
Wir teilten säumerisch mein erdentschwertes Glück.

Ich dachte viel an Julihimmel –
Du sahst das Blau in meinem Blick.

Und schwebten mit den Vögeln auf
Ein Silberrausch .....
Bevor die Welt brach das Genick.

Und auch wir beide blieben nicht verschont
– Und träumen trübe unterm bleichen Rosenstrauch im Mond
Die Lande unter uns: verblichnes Mosaik.

Ein kleiner Reim, lyrisch, bitte leise mit den Augen zu lesen. Ergeben auch die anspruchslosen Verse nicht gerade ein hervorragendes Gedicht, so doch, mir der Dichterin: Tausendglück! – sein vorrangegangener Zustand. Wie so mancher Vers sehnte er sich zu verdunsten unausgesprochen auf der Schale meines Herzens; ... vorenthalten der Welt, dir und dir und dir, lieber Leser. Der vorangegangene Zustand in den sich der Dichtende vor dem Aufstieg seiner Dichtung, schon vor der Einkehr seiner Träumerei ins Tal des Worts befindet, heiligt ihn! Auf sich nimmt er die grosse Verantwortung, die sich lösenden Tropfen seiner Seele zu incarnieren zwischen Buchstabe und Buchstabe in die Hülle des Gedichts. Sein aus Seele entstandener Vers verlangt nach Körper, eingekörpert zu werden, wie die Seele jeglichen Geschöpfs in einen Leib; genau wie die sich von Gott abträufelnde Seele drängt eingelullt zu werden, Anlehnung suchend an und in einem Körper.
So erklärt sich auch die Einverleibung nach dem Tode in einen zweiten, dritten Leib. Lebte ich doch in Bibelzeiten schon in Absaloms Hülle.
Ich erzähle in meinem 2. Palästinabuch: Die Heilige Stadt, mich noch auf dem Schiff befindend nach Palästina, als ich am ersten Abend über Deck kam, des Arztes nette Doktorin (meine späteren Reisefreunde) zu ihrem Adon sagte: ›Da kommt Absalom – gerüstet – mit der Verzweiflung der Liebe im Auge‹.
Ja ich war dem feinen Arztpaar eine Sage, von Späther: ›Trichta te kai tetrachta vies chis en mi anemoio.‹ Citierte der Doktor aus der Odyssee.

Der Regen säuberte die wilde Wasserwand –
Ich schreibe auf dem wellenblauen Bogen,
Und fühle sanft erstarken meine müde Hand,
Von Liebesversen, die mich immer süss betrogen.

Ich wache in der Nacht stürmisch auf hohen
Meereswogen,
Vielleicht entglitt ich meines Engels liebevoller Hand.
Ich hab die Welt – die Welt hat mich betrogen,
Ich grub den Leichnam zu den Muscheln in den Sand.

Wir blicken all zu einem Himmel auf –
Missgönnen uns das Land?
Warum hat Gott im Osten wetterleuchtend Sich
verzogen?
Vom Ebenbilde Seines Menschen übermannt?

Ich wache in der Nacht, stürmisch auf hohen
Meereswogen
Und was mich je mit Seiner Schöpfung Ruhetag verbannt,
Ist bang, ein spätes Geyerheer in diese Dunkelheit
geflogen.

Leser, lege dein Lesezeichen zwischen Seit' und Seite! Verlassen wir – mein Buch – einstweilen heute.«[8]

Am 11. und 12. Juli 1943 trug Else Lasker-Schüler *IchundIch* noch einmal in Haifa vor. Vermutlich aus diesem Anlaß dürfte sie auch ihre Vorrede zwei Tage zuvor geschrieben haben. Else Lasker-Schüler hatte die Hoffnung, *IchundIch* mit Unterstützung der beiden Haifaer Textilfabrikanten Hans Moller und Fritz Weisskopf veröffentlichen zu können. Am 13. August 1943 kündigte Franz Goldstein im New Yorker *Aufbau* sogar das baldige Erscheinen des Stückes an. Über den Inhalt schreibt er: »In tollem Wirbel werden die Gestalten aus dem ›Faust‹ sowie Goethe persönlich durcheinandergeweht mit den Nazi-Führern Hitler, Göring, Goebbels und Hess, während von einer Loge aus Max Reinhardt, die Ritz-Brothers, die Dichterin und ein Jerusalemer Kritiker commedia dell'arte-haft teilnehmen. Es ist dies ein Teufelsspuk, zuweilen von groteskem Humor, jedoch mit Passagen von visionärer Kraft und dichterischer Magie, eine Art surrealistischer Offenbach.«[9] Die Veröffentlichungspläne zerschlugen sich bald wieder. Der Gedichtband *Mein blaues Klavier*, Anfang August 1943 erschienen, blieb die letzte Veröffentlichung Else Lasker-Schülers in Jerusalem vor ihrem Tod am 22. Januar 1945. Karl Wolfskehl erkundigte sich am 5. April 1945 aus Neuseeland bei Adolf Wagner in Jerusalem nach Else Lasker-Schüler. Adolf Wagner, der bis 1933 als praktischer Arzt in Berlin gelebt hatte, antwortete am 14. Mai 1945: »ich war ihr nicht einer ihrer Nächsten, sondern fand sie, rein zufällig, an einem ihrer letzten Tage auf der Straße in einem desolaten Zustande, wie sie sich an einem Baume festhielt, um nicht umzufallen. Sie war ganz blaßblau, stark unterernährt, halb verhungert. Ich bot ihr meine Hilfe an, sie wollte sich weder tragen noch stützen lassen. Mit Mühe und List brachte ich sie in ein kleines Cafe, wo sie sich allmählich erholte. Wir saßen dort eine Stunde lang und sie erzählte mir Manches was mir einen gewissen Einblick gab.« An Gespräche mit dem Schriftsteller Gerson Stern anknüpfend, der wie Else Lasker-Schüler in Elberfeld aufgewachsen war, berichtet Adolf Wagner über ihre letzten Lebensjahre: »Sie träumte von einem besseren Europa, und besseren Menschheit, sie hatte Sehnsucht nach der Schweiz und nach Berlin, sprach von ›meinem Freunde‹, dem Papst, verehrte Churchill und … Mussolini. Für sich ersehnte sie, baldigst in die Schweiz zu fahren. ›Kommen Sie mit?‹ fragte sie mich. Ins Tessin wollte sie, wo sie sich sehr zu Hause gefühlt hatte. Im Tessin hatte sie auch das ›Hebräerbuch‹ geschrieben, nach ihrem ersten Aufenthalt in Palestina. Sie ›konnte es erst aus der Entfernung darstellen‹. Nach dem Hebräerbuch schrieb sie hier, vor etwa vier Jahren, – in einer eiskalten Bude – ein Schauspiel ›Ich und Ich‹. Inhalt: Untergang Hitlers, den sie versinken sah! – frei nach Faust (Personen: Faust, Mephisto – Goebbels, Hitler, Max Reinhardt und Else Lasker). Sie trug es hier vor, und es machte starken Eindruck. Es ist Manuskript geblieben.«[10]

1 Zum Typoskript und zu den Überarbeitungen im einzelnen vgl. KA, Bd. 2, S. 314-349.

2 KA, Bd. 10, S. 294.

3 KA, Bd. 10, S. 310.

4 KA, Bd. 4.1, S. 471-473.

5 *Palestine Post*, Jg. 17, Nr. 4626 vom 25. Juli 1941, S. 5.

6 *Mitteilungsblatt*, Jg. 5, Nr. 30 vom 25. Juli 1941, S. 7.

7 KA, Bd. 4.1, S. 445-466.

8 KA, Bd. 4.1, S. 490-493.

9 *Aufbau*, Jg. 9, Nr. 33 vom 13. August 1943, S. 9.

10 *Karl Wolfskehls Briefwechsel aus Neuseeland 1938-1948*. Mit einem Vorwort von Paul Hoffmann hg. von Cornelia Blasberg, Darmstadt 1988, Bd. 2, S. 673 f.

Seite 7

vor zehn und einhalb Jahren • Else Lasker-Schüler las *IchundIch* zuletzt im Sommer 1943 in Haifa. Im Typoskript hat sie die Textstelle handschriftlich aus »sieben Jahren« geändert. Else Lasker-Schüler war im April 1933 aus Berlin geflohen und hatte im Sommer 1940 mit der Niederschrift von *IchundIch* begonnen.

Geyerfeder • In *Das Hebräerland* (1937) schreibt Else Lasker-Schüler: Gott »erschuf die Wildkatze und das fromme Lama; dich und mich und euch, meine lieben Freunde, alle vor dem Tore Jerusalems und zwischen seinen Mauern. Und formte in den ewigen Lüften den Geier als Exlibris.« (KA, Bd. 5, S. 84.)

Seite 8

Mich führte <...> Geschick – ... • In der nachgelassenen Erzählung »Anfang«, die Else Lasker-Schüler als Vorrede für *IchundIch* schrieb, findet sich das Gedicht »Mich führte in die Wolke mein Geschick –«.

Muss i denn <...> bleibst hier ...... • »Muß i denn, muß i denn zum Städtele naus / und du mein Schatz bleibst hier«, lautet der Anfang eines seit dem frühen 19. Jahrhundert überlieferten Liedes.

Seite 10

Davidsturms • Neben dem Jaffator gelegene Festung in der Jerusalemer Altstadt.

Höllengrund • Das Hinnomtal, das die Jerusalemer Altstadt im Westen und Süden umgibt, ist der Überlieferung nach der Eingang zur Hölle.

Max Reinhard • Der Regisseur Max Reinhardt (1873-1943) leitete von 1905 bis 1920 und erneut von 1924 bis 1932 das Deutsche Theater und die angegliederten Bühnen in Berlin. In den Jahren

 1932 bis 1937 gab Max Reinhardt Gastspiele in England, Frankreich, Italien, Österreich und in den USA, wo er sich im Herbst 1937 endgültig niederließ. Am Deutschen Theater war 1919 Else Lasker-Schülers Schauspiel *Die Wupper* uraufgeführt worden.

brother: Ritz • The Ritz Brothers, Al (1901-1965), Jimmy (1904-1985) und Harry Ritz (1907-1986), amerikanisches Komikertrio, das in den dreißiger Jahren in zahlreichen Filmen mitspielte.

Marta Schwertlein • Marthe Schwerdtlein, die »Nachbarin« in Goethes *Faust I*.

Adon • (hebr.): Herr (Anredeform).

Sweet • Der Journalist Gershon Swet (1893-1968) war bis 1933 Auslandskorrespondent in Berlin und gehörte von 1935 bis 1948 der Redaktion der in Tel Aviv erscheinenden hebräischen Tageszeitung *Ha'aretz* an.

Baal • (hebr.): Herr. Im Alten Testament Bezeichnung für verschiedene, meist lokal verehrte Gottheiten.

Seite 11

Da ich mich teilte <...> IchundIch!. • In Else Lasker-Schülers nachgelassener Schrift *Ein paar Tagebuchblätter aus Zürich* heißt es: »So dichtet und spaltet sich lieber Leser, der wahre Dichter und Dichterin beim Dichten in der Zeit er und sie seine Dichtung den vielen weissen Bogen seines Blocks anvertraut.« (KA, Bd. 4.1, S. 387.) In ihrem Prosatext »Das Gebet« (1931) schreibt sie: »Den Menschen aber brach er, geschaffen, ins leuchtende Welteden gestellt, in zwei Hälften. Und so drängt es den Menschen, sich immer zu teilen, um sich wiederzufinden. <...> Jedes wahre Gebet ist eine Konzentration ... Ich und Ich. Und aus dieser Selbstverbindung entsteht doppelte Kraft.« (KA, Bd. 4.1, S. 212 und 215.)

Gewereth • (hebr.): Frau (Anredeform).

Seite 12

Goethehochverehrerin • Die Verehrung, die ihre Mutter Jeanette Schüler (geb. Kissing) (1838-1890) Goethe entgegenbrachte, schildert Else Lasker-Schüler 1932 in der Erzählung »Im Rosenholzkästchen« (KA, Bd. 4.1, S. 217-220).

Holland <...> Norwegen ..... • Bei der Ausweitung des Zweiten Weltkriegs auf Nord- und Westeuropa im Frühjahr 1940 von der deutschen Wehrmacht besetzte Staaten.

Seite 13

Haarez • (hebr.): Das Land. In Tel Aviv erscheinende hebräische Tageszeitung, 1919 gegründet. Else Lasker-Schülers Förderer Salman Schocken hatte die Zeitung 1935 erworben, Chefredakteur war ab 1939 sein Sohn Gershom Schocken.

Gelobt <...> haolom ...... • Baruch ata adonaj elohejnu melech ha-olam (hebr.): Gelobt seist du, Ewiger, unser Gott, König der Welt. Beginn der jüdischen Segenssprüche.

Heinrich • Der Vorname Fausts in Goethes Tragödie.

Seite 14

Adam Kalmon • Adam kadmon (hebr.): Urmensch. In der Kabbala wird mit dieser Wendung das Urbild des Menschen bezeichnet.

Seite 15

»Und kommst <...> sagt der Herr Herr –« • In einer Vision des Propheten Jesaja (60, 10 f.) heißt es über Jerusalem: »Denn in meinem Zorn habe ich dich geschlagen, aber in meinem Wohlwollen zeige ich dir mein Erbarmen. Deine Tore bleiben immer geöffnet, sie werden bei Tag und bei Nacht nicht geschlossen, damit man den Reichtum der Völker zu dir hineintragen kann; auch ihre Könige führt man herbei.«

 Margarete • Margarete (Gretchen), die weibliche Hauptfigur in Goethes *Faust I*, die Geliebte Fausts.

Seite 17

Es ist ein Weinen <...> sterben müssen ..... • Nach Else Lasker-Schülers Gedicht »Weltende« (KA, Bd. 1, Nr. 97 und 135; SG, S. 104 und 149).

Seite 18

nicht ein »Korn«, blieb ungebucht! • Nach 1. Mose (Genesis) 1,31. Im Gedicht »Die Versuchung« (KA, Bd. 1, Nr. 312; SG, S. 375f.) heißt es: »Und Alles gut fand, da Er seine Erde prüfte, / Und nicht ein Korn blieb ungebucht.« Else Lasker-Schüler veröffentlichte ihr Gedicht auch mit dem Titel »Genesis« (KA, Bd. 1, Nr. 325; SG, S. 387f.). Dort lautet der elfte Vers: »Und nicht ein Korn spriesst ungebucht.«

Hannemann • Über den Schauspieler Karl Hannemann (»Wachholderkarl«) (1895-1953), der in den zwanziger Jahren an verschiedenen Berliner Bühnen spielte, hatte Else Lasker-Schüler 1924 das Gedicht »Der Hannemann« (KA, Bd. 1, Nr. 302; SG, S. 358f.) veröffentlicht. Sein Vater Emil Hannemann (gest. 1904) war zuletzt Intendant am Stadttheater in Tilsit.

Seite 19

von Grieg <...> ich liebe dich! ..... • Edvard Griegs (1843-1907) Lied »Ich liebe dich« (»Jeg elsker dig«) (op. 5, Nr. 3), Text von Hans Christian Andersen.

Seite 20

Göhring • Hermann Göring (1893-1946) war ab 1922 Mitglied der NSDAP und spielte vor und nach der Machtübernahme

Hitlers 1933 eine Schlüsselrolle bei der Etablierung der nationalsozialistischen Gewaltherrschaft. Er hatte zahlreiche Ämter inne, 1940 wurde er »Reichsmarschall des Großdeutschen Reiches«.

Göbbels • Joseph Goebbels (1897-1945) gehörte ab 1924 der NSDAP an und wurde 1926 von Hitler zum »Gauleiter von Groß-Berlin« ernannt. Ab 1930 war Goebbels »Reichspropagandaleiter« der NSDAP, ab 1933 »Reichsminister für Volksaufklärung und Propaganda«.

Hess • Rudolf Heß (1894-1987) war ab 1920 Mitglied der NSDAP und wurde 1933 von Hitler zum »Stellvertreter des Führers« ernannt.

V. Schirach • Baldur von Schirach (1907-1974) war ab 1925 Mitglied der NSDAP und wurde 1933 »Reichsjugendführer«.

Seite 21

Rosalindens • Rosalinde heißt die weibliche Hauptfigur in der Operette *Die Fledermaus* (1874) von Johann Strauß (1825-1899).

Seite 22

brennenden Reichspalast • Der Brand des Berliner Reichstagsgebäudes am 27. Februar 1933 wurde von den Nationalsozialisten für die Verfolgung ihrer politischen Gegner instrumentalisiert.

Seite 23

den kleinen Cohn • »Hab'n Sie nicht den kleinen Cohn geseh'n?« heißt ein Spottlied von Julius Einödshofer (1863-1930). Das Lied war 1902 in Berlin der Schlager der Saison und gehörte schon bald zum Repertoire der Drehorgelspieler. Cohn war ein verbreiteter jüdischer Nachname, der »kleine Cohn« war seit Beginn des 20. Jahrhunderts eine antisemitische Spottfigur, unter anderem ein populäres Motiv judenfeindlicher Bildpostkarten.

Seite 24

in Deiner Poesie • In Goethes Versepos *Hermann und Dorothea.*

Prometheus • Titel eines Gedichts und eines »Dramatischen Fragments« von Goethe.

»Und lass sie grasen <...> Haide« • Jesaja 5,16f. heißt es: »Doch der Herr der Heere ist erhaben, wenn er Gericht hält, durch seine Gerechtigkeit erweist der heilige Gott sich als heilig. Dann grasen dort Lämmer wie auf der Weide, in den Ruinen weiden fette Schafe.«

Seite 25

»Grynspan« • Herschel Grynszpan (1921-?) hatte am 7. November 1938 aus Verzweiflung über die Deportation seiner Familie von Hannover nach Polen in Paris den deutschen Botschaftssekretär Ernst vom Rath erschossen. Diese Tat lieferte den Vorwand für die Novemberpogrome 1938 in Deutschland und Österreich. Herschel Grynszpan war zunächst in Paris, später in Sachsenhausen und Berlin inhaftiert. Sein weiteres Schicksal ist ungeklärt. 1960 wurde er vom Amtsgericht Hannover mit Wirkung vom 8. Mai 1945 für tot erklärt.

Grosspropheten im Egypterland • Mose, der das Volk Israel aus Ägypten in das von Gott verheißene Land Kanaan geführt hat.

Himmler • Heinrich Himmler (1900-1945) gehörte ab 1923 der NSDAP an und war ab 1929 »Reichsführer SS«, ab 1936 auch »Chef der Deutschen Polizei«.

Und grabt <...> in den Sand. • Wohl Anspielung auf das »goldene Kalb«, das Mose »zu Staub« zertrat. Vgl. 2. Mose (Exodus) 32.

in seiner Mundart • Goebbels stammte aus Rheydt im Rheinland.

verdeck • Bergische Mundart: verdammt.

den Dolch em Gewande • Der Anfang von Schillers Ballade »Die Bürgschaft« lautet »Zu Dionys, dem Tyrannen, schlich / Damon, den Dolch im Gewande«.

Seite 26

Frau Rätin • Goethes Mutter Elisabeth (geb. Textor) (1731-1808). Sie war mit dem Kaiserlichen Rat Johann Caspar Goethe (1710-1782) verheiratet.

Seite 27

Schöner Herre, darf ichs wagen? • Nach Goethes *Faust I*, Vers 2605f. (»Straße«). Faust zu Margarete: »Mein schönes Fräulein, darf ich wagen, / Meinen Arm und Geleit Ihr anzutragen?«

Fichü • Als Fichu wird ein Dreieckstuch bezeichnet, das Hals und Dekolleté bedeckt.

Freut euch des Lebens <...> glüht • »Freut euch des Lebens, weil noch das Lämpchen glüht, / Pflücket die Rose, eh' sie verblüht!«: Text (1793) von H. Martin Usteri, Melodie (1795) von Hans Georg Nägeli.

Seite 28

Psyche • (griech.): Hauch; Seele. In der antiken Mythologie die Geliebte des Gottes Amor (Eros).

Van der Lubbe • Der Niederländer Marinus van der Lubbe (1909-1934) stand kommunistischen und anarchistischen Ideen nahe. Er wurde am 27. Februar 1933 in Berlin im brennenden Reichstagsgebäude verhaftet. Im anschließenden Prozeß wurde er zum Tode verurteilt und am 10. Januar 1934 in Leipzig hingerichtet.

Seite 29

Pferdefuss • Goebbels hatte – aufgrund einer Erkrankung in der frühen Kindheit – einen verkrüppelten Fuß.

Seite 34

Ley • Robert Ley (1890-1945) war ab 1925 Mitglied der NSDAP und wurde 1933 Leiter der »Deutschen Arbeitsfront«, der größten Massenorganisation im NS-Regime, die durch die Zerschlagung der freien und unabhängigen Gewerkschaften entstand.
Ribbentrops • Joachim von Ribbentrop (1893-1946) trat 1932 in die NSDAP ein und war ab 1938 »Reichsaußenminister«.
Rosenbergs • Alfred Rosenberg (1893-1946) war ab 1923 Hauptschriftleiter der NS-Parteizeitung *Völkischer Beobachter*, ab 1933 »Reichsleiter« der NSDAP. 1930 erschien von ihm *Der Mythus des 20. Jahrhunderts*, nach Hitlers *Mein Kampf* das ideologische Hauptwerk des Nationalsozialismus.
Braunau • Hitlers Geburtsort, in Oberösterreich am Inn gelegen.

Seite 35

Gott ist der Wache • Nach Psalm 121,4. In dem Prosatext »Das Gebet« (1931) schreibt Else Lasker-Schüler: »Wach sein zieht Gewissen nach sich. Gott ist der Wache!« (KA, Bd. 4.1, S. 215.)
Kiwitt, kiwitt, kiwitt • »kiwitt, kiwitt« singt der Vogel in dem Märchen »Van den Machandelboom« der *Kinder- und Hausmärchen*, gesammelt von den Brüdern Jacob und Wilhelm Grimm.
über allen Gipfeln <...> auch du • Goethes Gedicht »Ein gleiches« (»Wandrers Nachtlied«) von 1780 lautet: »Über allen Gipfeln / Ist Ruh, / In allen Wipfeln / Spürest du / Kaum einen Hauch; / Die Vöglein schweigen im Walde. / Warte nur, balde / Ruhest du auch.«

Seite 36

»C'est un homme!!« • In seiner autobiographischen Skizze *Unterredung mit Napoleon* berichtet Goethe, Napoleon habe ihn 1808 in Erfurt mit den Worten empfangen: »Vous êtes un homme.«

Mein Kaiser <…> gefangen!! • Der achte Vers in Heinrich Heines Gedicht »Die Grenadiere« lautet: »Und der Kaiser, der Kaiser gefangen«. Das Gedicht wurde unter anderem von Robert Schumann (1810-1856) vertont.

Wäscher • Über den Schauspieler Aribert Wäscher (1895-1961) hatte Else Lasker-Schüler 1923 das Gedicht »Aribert Waescher« (KA, Bd.1, Nr. 292; SG, S. 345-347) veröffentlicht.

Bassileus • Basileus (griech.): König.

Seite 38

Rouah • Ruach (hebr.): Wind; Geist. In Jesaja 63,10 und 11 erscheint »ruach hakodesch«, der heilige Geist, als Verkörperung der Nähe Gottes; Jesaja 63,14 heißt es: »Der Geist des Herrn ließ sie zur Ruhe kommen«.

Ein Feuer <…> Ewigen – – – • Vgl. 2. Mose (Exodus) 19,16-19 und 4. Mose (Numeri) 16,35: »Vom Herrn ging ein Feuer aus und fraß die zweihundertfünfzig Männer, die den Weihrauch dargebracht hatten.« Unmittelbar zuvor (16,22) ist von »Gott« als dem »Gott der Geister, die alle Menschen beleben«, die Rede. – Else Lasker-Schüler notierte die Wendung »Ein Feuer ging aus vom Ewigen« hebräisch und deutsch als Motto auf einem Entwurf für das Titelblatt ihres zweiten Palästinabuchs, in dem sie *IchundIch* veröffentlichen wollte. Vgl. KA, Bd. 4.2, S. 339. Faksimile: *Else Lasker-Schülers Jerusalem. Eine Chronik aus ihrem Nachlaß. Ausstellung. Anläßlich des 50. Todestages der Dichterin*, <bearbeitet von> Itta Shedletzky, Jerusalem 1995, S. 50.

Seite 40

Es riss <...> Jugendnot. • Nach Else Lasker-Schülers Gedicht »Abend« (»Es riß mein Lachen sich aus mir«) (KA, Bd. 1, Nr. 32 und 49; SG, S. 22).

»Vorerinnerung« • In einem fragmentarischen Text, der in Jerusalem entstanden ist, schreibt Else Lasker-Schüler: »Was soll mir da ein Professor Sternoglyphe noch weissagen und voraussagen, es hängt alles Wissen Vor und Nachwissen von Gott ab: ›Ich bin, Der ich sein werde‹. So spricht der Herr. Und Vergangenes paart sich in Ihm Mit Vorerinnern denn alle Geschehnisse die gewesen und sich noch ereignen, liegen ja schon von Anbeginn auf dem blauen Tisch der Ewigkeit.« (KA, Bd. 4.1, S. 437.)

Bettinchen • Die Schriftstellerin Bettina von Arnim (geb. Brentano) (1785-1859). Ihr Verhältnis zu Goethe hat sie 1835 in dem Briefroman *Goethes Briefwechsel mit einem Kinde* dargestellt.

der amsterdamer Brillengläserschleifer • Der niederländische Philosoph Baruch (Benedictus) de Spinoza (1632-1677). Er war 1656 wegen »Irrlehren« aus der jüdischen Gemeinde von Amsterdam verbannt worden. Seinen Lebensunterhalt verdiente er anschließend als Schleifer von optischen Gläsern.

Seite 42

Das Ewige Leben <...> mag schlagen. • Nach der zweiten Strophe von Else Lasker-Schülers Gedicht »Herbst« (»Ich pflücke mir am Weg das letzte Tausendschön«) (KA, Bd. 1, Nr. 365 und 390; SG, S. 201 und 420).

»und sie war gut!« • Vgl. 1. Mose (Genesis) 1,31.

Nach Seinem Ebenbilde • Vgl. 1. Mose (Genesis) 1,27.

Melech • (hebr.): König.

Seite 43

Wie Kain <...> Mord! • Vgl. 1. Mose (Genesis) 4,1-16. Die jüdische Schriftauslegung deutet den tödlichen Streit von Kain und Abel als ursprünglichen Gegensatz von Gut und Böse.

Flammen Meneteckel • »Mene mene tekel u-parsin«: biblische Orakelworte. Vgl. Daniel 5,25-28. Das Bild der »Flammenschrift« geht auf Heinrich Heines Ballade »Belsazar« zurück.

Lott • Charlotte Buff (1753-1828), die Goethe zu seinem Roman *Die Leiden des jungen Werthers* inspirierte.

Friedericken • Friederike Brion (1752-1813). Für sie schrieb Goethe die sogenannten »Sesenheimer Lieder«. Seine Begegnungen mit Friederike schildert er im 10. und 11. Buch von *Dichtung und Wahrheit.*

Seite 44

Caca <...> nulla! • Die erste Strophe des Lieds Nr. 564 (»Kneipgelage«) im *Allgemeinen Deutschen Kommersbuch* lautet (zitiert nach der 55.-58. Aufl. Lahr: Moritz Schauenburg o. J.): »Ça ça geschmauset, laßt uns nicht rappelköpfisch sein! / Wer nicht mit hauset, der bleib daheim. / Edite, bibite, collegiales! / post multa saecula poculla nulla!«

Seite 45

Hing an <...> Teufelchen war! • Nach Else Lasker-Schülers Gedicht »Im Anfang« (KA, Bd. 1, Nr. 96 und 225; SG, S. 65 und 180).

Seite 46

Zebaoth dem Herrn • Zebaoth (hebr.): Heerscharen. Im Alten Testament einer der Beinamen Gottes.

Seite 49

Adolf <...> verlassen?! • Vgl. Psalm 22,2; Matthäus 27,46.

Seite 50

Friederich • Friedrich Schiller.

Seite 51

phingstgeläutert • Das christliche Pfingstfest ist der Erinnerungstag der »Geistausgießung«. Vgl. Apostelgeschichte 2,1-36.

Dein Reich <...> dieser Welt • Vgl. Johannes 18,36.

Seite 52

August • Goethes Sohn August (1789-1830).

Ich finde <...> Fleisch vergraben. • Nach Else Lasker-Schülers Gedicht »Chaos« (KA, Bd. 1, Nr. 22 und 62; SG, S. 33f.).

Seite 53

Füchschen • Als Fuchs wird in einer Studentenverbindung ein Student während der ersten beiden Semester bezeichnet.

Salamander reiben • Eine Trinksitte studentischer Burschenschaften, bei der die Gläser gleichzeitig erst auf dem Tisch ›gerieben‹ und dann ausgetrunken werden.

Seite 56

Torabwärts <...> aller Zeit. • Nach Else Lasker-Schülers Gedicht »Mein Wanderlied« (KA, Bd. 1, Nr. 129; SG, S. 98 und 145).

Seite 57

Im Garten eines Augenarztes • Der zum Haus des Jerusalemer Augenarztes Abraham Albert Ticho (1883-1960) gehörende Garten. Abraham Ticho, Gründer einer Augenklinik, war mit der

Malerin Anna Ticho (1894-1980) verheiratet. Das Haus in der Harav Kook Straße gehört heute zum Israel Museum.

Seite 58

Wilhelm Tell • Schauspiel Friedrich Schillers, das in der Schweiz spielt. Else Lasker-Schüler hatte sich dort von 1933 bis 1939 aufgehalten.

Madame von Stein • Die von Goethe verehrte Weimarer Hofdame Charlotte von Stein (1742-1827).

östlichen Diwan • Goethes lyrischer Zyklus *West-östlicher Divan.*

die Dorothee • Aus Goethes Versepos *Hermann und Dorothea.*

Seite 59

Kennst du das Land <...> glühn? • Das Gedicht am Anfang des dritten Buches von Goethes Roman *Wilhelm Meisters Lehrjahre* beginnt mit den Versen: »Kennst du das Land, wo die Zitronen blühn, / Im dunkeln Laub die Goldorangen glühn«.

Seite 60

Leth • Lethe: in der griechischen Mythologie der Strom des Vergessens. Von ihm trinken die Seelen der Verstorbenen, um ihr irdisches Dasein zu vergessen.

Zu Feierzeiten <...> bei Gelegenheiten. • Abraham, Isaak und Jakob sind die »Erzväter« (»Stammväter«) des Volkes Israel.

Seite 61

Flachsmann • *Flachsmann als Erzieher* (1901) lautet der Titel einer populären Komödie von Otto Ernst (1862-1926), 1930 mit Paul Henckels (1885-1967) in der Titelrolle verfilmt.

Schwarz • Warenhaus in Jerusalem, in der Ben Jehuda Straße am Zion Platz.

Seite 62

Ohms • Paulus Kruger, genannt Ohm (Onkel) Krüger (1825-1904), südafrikanischer Politiker, unter dessen Führung die Buren sich 1880 gegen die britische Herrschaft erhoben.

Seite 63

unterm Strich • Im Feuilleton, das im Hauptblatt einer Zeitung ursprünglich im unteren Drittel oder Viertel einer Seite stand und das von den politischen Nachrichten durch einen Querstrich abgetrennt war.

Seite 64

Täubchen, das in seinem eigenen Blute schwimmt • Titel eines Gedichts von Else Lasker-Schüler (KA, Bd. 1, Nr. 109; SG, S. 76f. und 126f.).

»laue« • Von Else Lasker-Schüler häufig gebrauchtes Adjektiv, mit dem die Dichterin an Offenbarung 3,16 anknüpft: »Weil du aber lau bist, weder heiß noch kalt, will ich dich aus meinem Mund ausspeien.«

mein armer Absalom <...> dunkle Haar. • Absalom, der dritte Sohn Davids, hatte sich gegen seinen Vater erhoben und ihn aus Jerusalem vertrieben. In einer weiteren Schlacht unterlag er seinem Vater: Auf der Flucht blieb Absalom mit den Haaren in den Ästen einer Eiche hängen und wurde von Joab getötet. Vgl. 2. Samuel 15-18.

Raf • Raw (hebr.): Rabbiner.

Seite 65

Himmelsleiter • Im Traum erscheint Jakob die Himmelsleiter, auf der Gottes Engel auf- und niedersteigen und an deren Spitze die Himmelspforte steht. Vgl. 1. Mose (Genesis) 28,12.

Karl Jürgen Skrodzki

Die großen zeitgenössischen Satiren auf den Nationalsozialismus waren eine Angelegenheit Hollywoods. 1940 dreht Charles Chaplin *The Great Dictator*, 1941 Ernst Lubitsch *To Be or Not to Be*: Bloßstellungen deutscher Kriegstreiberei und Großmachtssehnsüchte, Verspottungen blinder Autoritätshörigkeit. Genau zwischen diesen beiden Filmen, zwischen den Sommern 1940 und 1941, holt Else Lasker-Schüler sich mit Max Reinhardt und den Ritz Brothers als Nebenfiguren ihres Schauspiels *IchundIch* ein kleines Stück Hollywood auch ins schwierige Exil nach Jerusalem.

Das zu ihren Lebzeiten überhaupt nicht und nach ihrem Tod zunächst nur stark gekürzt publizierte dritte und letzte der Dramen Else Lasker-Schülers ist eine kühn fragmentierte Mischung aus Welttheater, Komödie, Operette und Slapstick, »oft ist es schrecklich ernst, doch auch recht heiter«.[1] Es knüpft an Brechts politisches Theater an und bereitet den Boden für Becketts absurdes, zitiert allerlei Volkslieder und aus Goethes *Faust* seine beiden Protagonisten Faust und Mephistopheles – die vielleicht klassischste der vielen Doppelgänger-Konstellationen der deutschsprachigen Literaturgeschichte. Als »militanten Antifaschismus« charakterisiert Jakob Hessing *IchundIch*.[2] Das noch heute weit verbreitete öffentliche Bild Else Lasker-Schülers, das sie als spinnert zeichnet, als zwar genialisch, aber naiv und weltfremd, erweitert er mit solcher Einschätzung um eine Facette, die sich alles andere als nahtlos einfügt.

In *IchundIch* empfängt Else Lasker-Schülers Mephisto bald nach Beginn des Zweiten Weltkriegs einige der prominentesten Nazis zu einem Geschäftsessen in der Hölle. Zunächst gastfreundlich, zeigt er sich immer angewiderter, je länger er das Herrenmenschengetöse an seiner Tafel auszuhalten gezwungen ist, je eindeutiger er sich in seiner teuflischen Machtposition von »Vetter Adolf« bedrängt fühlt, dessen Bösartigkeit der seinen leicht den Rang abläuft, je weniger mit solch »bösem Tun« wie dem deutschen sogar der Teufel zu tun haben will. Selbst der Teufel schlägt sich schließlich gegenüber dem Wüten Deutschlands auf die Seite des Widerstands, hier: auf Gottes Seite, und läßt die Nazimeute, die noch im Untergang wie wahnsinnig »Heil Hitler« brüllt, in die Höllenlava marschieren.

Chaplin knöpft sich Hitler selber vor, Lubitsch die mittleren Kommandoebenen, die SS- und Wehrmachtsoffiziere, die kleinbürgerlichen Funktionäre und Bürokraten der Besatzungstruppen nach dem deutschen Angriff auf Polen. Else Lasker-Schüler aber – neben dem Nazitum – auch die deutsche Kultur. Große Teile des deutschen politischen Exils dieser Jahre waren mit Spekulationen darüber beschäftigt, was Goethe getan hätte, hätte er anderthalb Jahrhunderte später gelebt. In *IchundIch* ist sein Faust Höhepunkt und Metonymie des deutschen kulturellen Erbes. Zu Beginn des Stückes gibt er sich noch von Abneigung erfüllt gegen Mephistos Bankettgäste, und dessen Indifferenz, Freundlichkeit sogar im Zusammensein mit dieser zügellosen und mordlüsternen Meute bleibt ihm ein Rätsel. Später wird er ihnen beim Anblick ihres Versinkens in der Höllenlava hinterhertrauern, sein anfängliches Widerstreben ist dem selbstmitleidigen Jammer gewichen über das, was aus seinen Deutschen geworden ist: »ihr gerechter Untergang, tut seinem ›deutschen‹ Herzen weh«, läßt Else Lasker-Schüler ihren Mephisto dies kommentieren.

Anfang der vierziger Jahre hat man weder in Hollywood noch in

Jerusalem um die wahren Dimensionen der beginnenden deutschen Vernichtungskriege wissen können, sowohl Chaplin und Lubitsch als auch Else Lasker-Schüler haben sich Freiheiten und Kapriolen erlaubt, vor denen sie nur wenig später wohl zurückgeschreckt wären. Chaplins *The Great Dictator* und Lubitschs *To Be or Not to Be* geben sich optimistisch, daß das Schlimmste sich noch rechtzeitig würde verhindern lassen. Am Ende beider Filme finden sich ihre Protagonisten, Chaplins Friseur und Lubitschs Theaterschauspieler, vor Mikrophonen wieder, die man ihnen unter die Nase hält. Endlich können sie Herren wieder ihrer selbst sein und Herren vor allem ihrer Worte. Ganz anders das Ende von *IchundIch*: Aus der ›Dichterin‹ weicht alle Lebenskraft, sie stirbt. Der widerständige Wunschtraum von der Überwindung der Barbarei ist das eine Grundthema dieses Stückes, die schwindenden mimetischen Möglichkeiten der Dichtung im Angesicht solcher Bedrohung das andere.

Chaplin und Lubitsch bieten ihren Nazis ausreichend Gelegenheit, nach Belieben zu schwätzen, und Geschwätz bedeutet hier unfreiwillige Selbstdemontage. Auch *IchundIch* gibt die Nazis der Lächerlichkeit preis, doch Else Lasker-Schülers zerfetzter Humor reicht weit darüber hinaus ins Weinen unter der Clownsmaske. Im ungemütlichen Jerusalem der späten britischen Mandatszeit wächst *IchundIch*, das ursprünglich nur Binnenstück eines umfassenderen ›zweiten Palästinabuchs‹ hatte werden sollen, aus der Prosa heraus und heran zum schärfsten und bittersten, zum treffsichersten, hellsichtigsten, verzweifeltsten Versuch seiner Zeit einer engagierten literarischen Geste gegen die antisemitische Kriegs- und Vernichtungsnation Deutschland. Wie war ihr das gelungen, und wie hatte dieser Versuch in den unteren Schubladen der Literaturgeschichtsschreibung vergessen werden können?

Aus Berlin flieht Else Lasker-Schüler bald nach dem Wahlsieg der Nationalsozialisten in Richtung Schweiz. Dreimal fährt sie von dort aus nach Palästina, zweimal kehrt sie zurück, der dritte Aufenthalt in Jerusalem wird zum lebenslänglichen, als ihr die Rückkehr nach Europa verweigert wird. In Zürich hatte sie Ende 1936 die Uraufführung ihres sehr viel versöhnlicheren zweiten Dramas *Arthur Aronymus und seine Väter* erlebt, 1937 dann die vielbesprochene Publikation der schweifenden Prosa *Das Hebräerland*, des ›ersten Palästinabuchs‹. Im Sommer 1937 beginnt sie mit der Arbeit am nie vollendeten ›zweiten Palästinabuch‹. Viele ihrer Briefe der folgenden Jahre schließen mit Selbst- und Fremdvergewisserungsformeln über das Voranschreiten ihres Werkes. »Ich muß noch viel arbeiten, mein neues Buch«,[3] und ein Brief an ihren Förderer Salman Schocken vom 15. Juli 1940 endet: »Mein Buch wird gewiß erst nach Jahren gedruckt werden können von wegen Theaterstück, das darin vorkommt.«[4] Jene Else Lasker-Schüler, die an *IchundIch* arbeitete, war nicht mehr die, die *Arthur Aronymus und seine Väter* geschrieben hatte, niemand wußte das im Sommer 1940 besser einzuschätzen als sie, und wer hätte besser voraussagen können, wie *IchundIch* wirken würde. Nur in einem Punkt kam es leicht anders: Es war ihr Theaterstück selbst, dem es lange versagt blieb, in angemessener Form seinen Weg an die Öffentlichkeit zu finden, weil es zu all jenem quer lag, was eine irritierte postume Rezeption von ihrer Autorin in Erinnerung hatte behalten wollen.

In ihrem Brief an Salman Schocken vom 15. Juli 1940 formuliert sie wie nebenbei: »(ich kann ja nicht nur phantasieren)«.[5] Dieser Satz ist einer der vielen Seitenhiebe, die sowohl ihre Briefe dieser Jahre als auch *IchundIch* immer wieder austeilen, häufig, so wie auch hier, eingebettet in das, was Justin Steinfeld im September 1937 in der Moskauer Exilzeitschrift *Das Wort* mit Bezug auf *Das*

Hebräerland pejorativ als »nur ihr eigene, blumenschöne Sprache« bezeichnet. Seitenhiebe auf jene Kritiker, die der Schriftstellerin Else Lasker-Schüler Versponnenheit und Weltfremdheit attestiert haben, auf Justin Steinfeld beispielsweise, der ihr *Hebräerland* als Idealisierung kritisierte, die rein gar nichts mit dem wirklichen Palästina der Zeit zu tun habe. Ziellos vor sich hin fabulierend, entwerfe Else Lasker-Schüler poetische Paralleluniversen ohne jeden Wirklichkeitsbezug. »In diesem Buch ist die Autorin keine Dichterin. <...> an aller und jeglicher Wirklichkeit vorbeigehen, das kann kein Dichter. <...> Da, wo Else Lasker-Schüler in diesem Buch in der nur ihr eigenen, blumenschönen Sprache von ihren persönlichen Dingen spricht <...>, da ist sie wahr und echt. Aber zu allem, was sie in diesem Buch über das Hebräerland und seine Menschen schreibt, kann man nichts anderes sagen als: es ist ja alles gar nicht wahr.«[6]

Im Namen ihrer Autorin hält einige Jahre später die ›Dichterin‹ in *IchundIch* dagegen: »Und da die Wahrheit ich berichte wenn ich dichte, / Lasst allen Zweifel ausser Acht!« In der Auseinandersetzung, die sie für Else Lasker-Schüler mit dem Kritiker-Platzhalter im Stück führt, dem Journalisten Swet, der die Kategorien Dichten und Berichten apodiktisch in subjektiv und objektiv übersetzt, in unwahr und wahr, läßt sie sich nicht beirren: »Ich sprach im Leben, noch vom Rand der Bretter die ›Wahrheit‹ nackter noch als nackt! Sowohl in Prosa als in Versen!!!«

1940 bezeichnet jene Übergangsphase, die den Richtungswechsel markiert von Entrechtung und Vertreibung der jüdischen oder für jüdisch erklärten Bevölkerung zur deutschen Entscheidung für den Völkermord. Zur selben Zeit schränkte die britische Mandatsmacht die Einwanderung nach Palästina so drastisch ein, daß den Flüchtlingen ein weiterer Ausweg genommen wurde, nachdem die Deutschen den Krieg schon im Frühjahr so bedrohlich wie erfolgreich nach Westen ausgeweitet hatten. Das Stück spielt darauf an: »Stimmen aus dem Publikum: Holland verloren! Belgien perdü, Frankreich, Dänemark, Norwegen .....«. In dieser Zeit entsteht *IchundIch*, und es ist vor allem der mörderische Antisemitismus, gegen den sich das Stück zur Wehr setzt. Schon bei ihrem ersten Auftritt brüllt die versammelte Naziprominenz: »Erhebe dich Deutschland Juda verrecke!« Sofort läßt Else Lasker-Schüler ihren Faust mit einer nachträglichen Unterstützung des Attentäters Herschel Grynszpan dagegen halten: »Gott gab ihm Kraft zur mutigen Tat!« Schon am 21. November 1938 hatte sie, noch in Zürich, nach den Novemberpogromen in Deutschland an Emil Raas geschrieben: »so kaput von den Grausamen Geschehnissen in Berlin etc. Ich hoffe auf Amerika, Eden und Churchell besonders und auf einen entgültigen Beschluss Gottes. Vielleicht haben wir Ihn noch nicht erreicht. An einen Krieg glaube ich nicht mehr. Aber an einen anderen Kampf.«[7] Mit *IchundIch* nimmt sie diesen Kampf auf.

Dieses Stück mag den Eindruck des Mißlungenen, des Unfertigen und Wirren hinterlassen, wenn man sich das Bild einer Träumerin und Schwärmerin unbedingt erhalten will, die keinerlei Zeit oder Umstände zu durchdringen noch zu reflektieren in der Lage gewesen sei. Else Lasker-Schüler stirbt im Januar 1945. Als Werner Kraft anderthalb Jahrzehnte später nur Auszüge ihres *IchundIch* in den von ihm herausgegebenen Band *Verse und Prosa aus dem Nachlaß* aufnimmt, zitiert er zur vorauseilenden Rechtfertigung aus einem Brief, den er von Ernst Ginsberg erhalten hat: »Denn dieses Drama ist doch der Spiegel der jammervollsten Zerstörung und Auflösung.«[8] Daß dieser Spiegel ein Spiegel der »Zerstörung und Auflösung« der Zeit sein könnte, ist beiden in Erinnerung an Else Lasker-Schüler ein völlig abwegiger Gedanke.

Werner Kraft zitiert Ernst Ginsberg weiter: »daß ich von Herzen bitten möchte, im Interesse des Angedenkens und des unzerstörten Bildes der Lasker von einer Veröffentlichung dieses Stückes abzusehen. Ich habe nur mit tiefster Erschütterung, ja ich gestehe: zuweilen nur unter Tränen lesen können. Immer klang mir die Ophelia-Klage im Ohr: ›Oh, welch ein edler Geist ward hier zerstört!‹«[9] Ein unveröffentlichter Essay Werner Krafts, der vor dem März 1936 verfaßt worden sein muß, belegt, daß Ernst Ginsberg hier nur zum Ausdruck brachte, was Werner Kraft sich im wissenschaftlichen Umgang mit Else Lasker-Schülers Werk längst zum Programm gemacht hatte: »So verstanden, ist es nützlich für das strenge Verständnis eines Sachzusammenhangs, dass Else Lasker-Schüler im ganzen unlesbar ist und dass die Aufgabe gerechter Kritik hier nur darin bestehen kann, den Diamantenstaub vom Schutt zu sondern und sorgfältig zu sammeln, um den kommenden Generationen anhand eines extremen Beispiels eine Ahnung des Kohinor in seinem vollen Glanze zu überliefern.«[10] Der paternalistisch-bevormundende Duktus solch »gerechter Kritik« sagt viel mehr aus über die Auffassungen der involvierten Herren von moderner Literatur als über Else Lasker-Schülers Werk. Bald siebzig Jahre nach seiner Niederschrift wird *IchundIch* hier nun vollständig in einer Leseausgabe publiziert: eines der wichtigsten deutschsprachigen Stücke seiner Zeit, das wahrgenommen werden sollte als Resultat bewußter literarischer und politischer Setzungen seiner Autorin Else Lasker-Schüler.

Kevin Vennemann

100 1 Brief an Salman Schocken vom 30. September 1940; KA, Bd. 10, S. 307.

2 Jakob Hessing, *Die Heimkehr einer jüdischen Emigrantin. Else Lasker-Schülers mythisierende Rezeption 1945 bis 1971*, Tübingen 1993, S. 54.

3 Brief an Emil Raas vom 23. April 1938; KA, Bd. 10, S. 142.

4 KA, Bd. 10, S. 294.

5 KA, Bd. 10, S. 293.

6 Justin Steinfeld, »Hebräerland, Else Lasker-Schüler und der Duce«, in: *Das Wort*, Jg. 2, Nr. 9 vom September 1937, S. 68-72.

7 KA, Bd. 10, S. 185f.

8 Zitiert nach: Else Lasker-Schüler, *Gesammelte Werke in drei Bänden.* Bd. 3: *Verse und Prosa aus dem Nachlaß*, hg. von Werner Kraft, Frankfurt am Main 1996 <zuerst 1961>, S. 171.

9 Ebd.

10 Zitiert nach: KA, Bd. 10, S. 537.

INHALT